Allí donde hay un mago suele haber una mamá muy mágica.

Este libro se lo dedico a la mía.

Diseño por Netta Rabin
Diseño de portada por Raquel Jaramillo
Ilustraciones por Kyle Hilton
Traducción por Luis Alberto Iglesias Gómez

© Joshua Jay

© Páginas Libros de Magia S. L.
Silva 13, 3º A
28004 Madrid-España
Tel./Fax: (34) 91 541 16 11
E-Mail: paginas@librosdemagia.com
I.S.B.N.: 978-84-15058-30-4
Dep. Leg.: M-38306-2015
España. 2015

*www.***librosdemagia.com**

JOSHUA JAY

MAGIA GRANDE
para Manos Pequeñas

Páginas Libros de Magia

Índice

★ ★

Tu primer
Momento mágico

ESTÁS SOLO A UNAS POCAS PÁGINAS de aprender algunos de los mayores secretos de la magia, pero antes tengo una sorpresa para ti, una sorpresa que va a ocurrir ahora mismo. Vas a presentar tu primera ilusión… ¡y tú mismo serás el público! Vamos allá.

Mira la página de al lado. A la izquierda verás al mago. ¿Notas algo raro? La mayoría de los niños, cuando piensan en un mago, imaginan a un adulto con bigote y capa. Eso se acabó. Ahora tú eres el mago, y la maga que está dibujada en el lado izquierdo será tu ayudante en esta ilusión. Luego volveremos a ella.

Ahora mira a su derecha. ¿Ves el conejo? Se llama Paco. Estás a punto de hacer que Paco desaparezca. Deja el libro abierto sobre la mesa y colócate de modo que lo mires justo desde arriba. Tápate el ojo izquierdo con la mano izquierda. Con el derecho, mira a la maga. Mírala fijamente y, muy despacio, empieza a acercar la cara a la página. A medida que te acerques al dibujo de la maga verás que, por un instante, ¡Paco desaparecerá por completo! Acércate o aléjate un poco y volverá a aparecer. Si lo miras directamente, verás que reaparece. Pero hay un punto en el que, si miras a la maga, el conejo desaparece por completo.

ENHORABUENA POR TU PRIMER EFECTO DE MAGIA. ¡ACABAS DE HACER QUE UN CONEJO DESAPAREZCA Y VUELVA A APARECER!

¿Cómo funciona?

Una pregunta mejor es ¿por qué funciona? La respuesta es científica, como la de muchos otros efectos de este libro. En el caso del conejo Paco, la culpa de que desaparezca es del punto ciego que tenemos en los ojos. En cada ojo tenemos un punto ciego causado por la falta de receptores de la luz en una parte de su interior llamada retina. Si los ojos hablasen con el cerebro, ese puntito ciego sería la única parte que no le diría nada. Cuando miras fijamente a algo importante, ¡te puedes estar perdiendo los detalles!

En este libro vas a aprender que el secreto de muchas ilusiones a menudo no es más que un principio científico o matemático disfrazado. La magia también consiste en darse cuenta de los pequeños detalles que los demás no se paran a ver o a comprender, como si fueran puntos ciegos. Y ahora que ya sabes esto, creo que estás listo para ser mago, así que vamos a empezar.

¿Estás preparado para aprender magia? Enseguida voy a compartir contigo veinticinco efectos de magia muy chulos, pero antes hay una página que tus padres deben leer. Es un poco aburrida, pero pídeles que la lean igualmente. (Si lo haces, te prometo que te ayudarán a construir algunas de las ilusiones que te voy a explicar). Después de que la hayan leído, tú y yo nos volveremos a encontrar en la página siguiente para hablarte de mi mago favorito y contarte otras cosas súper interesantes. Nos vemos dentro de un minuto.

Introducción

(PARA PADRES)

BUENO, TU HIJO TE HA SALIDO MAGO. ¡Enhorabuena! Pronto verás que empezará a pasar un montón de tiempo actuando, ensayando y pensando en magia. ¿Y sabes qué? Que tú también. Probablemente nunca hubieras imaginado que llegarías a ser ayudante de un mago, pero la magia te brindará una oportunidad maravillosa para compartir una afición con tu hijo. Algunos de mis recuerdos más bonitos provienen de momentos que pasé practicando ilusiones nuevas con mi madre o actuando durante mi primer espectáculo sobre el escenario mientras miraba de reojo a mi padre, que me grababa con la cámara de vídeo.

Pero la magia es mucho más que bonitos recuerdos. Es un arte que da grandes satisfacciones, que te enriquece, que te devuelve tanto como inviertas en él, y que para muchos como yo representa una historia de amor que dura toda una vida. Gracias a la magia tu hijo desarrollará habilidades fundamentales. Leerá, ensayará, resolverá problemas, construirá accesorios, y se relacionará con con otros niños y aficionados a la magia y todo para ofrecer una buena actuación. Tu hijo aprenderá a hablar en público muy bien y alcanzará un nivel de confianza ante la gente que muchos adultos querrían para sí. Por no decir que cada vez que invites a amigos a cenar en casa el entretenimiento correrá a cargo de un mago de primera que no te cobrará un céntimo.

Creo que para un niño no hay mejor pasatiempo que la magia. Las lecciones que se aprenden con ella no tienen precio. Estas son algunas de las más importantes:

- **CONFIANZA.** Cada juego de magia es un proyecto en el que hay que aprender, ensayar, perfeccionar, y luego actuar delante de gente. Es un proceso que, una vez culminado, produce gran ilusión y una intensa sensación de haber logrado algo relevante. Todo ello hace que aumente la confianza en uno mismo, tanto para hablar en público como para saber que se es capaz de llevar un proyecto a buen puerto.

- **UN TALENTO OCULTO.** Que a tu hijo le guste la magia no significa que vaya a ser profesional o a dejar la universidad para irse con un circo. Muchos de los mejores magos que conozco actúan solo en su tiempo libre para sus familias y sus amigos. Otros han encontrado la forma de combinar la magia con sus trabajos y presentan efectos para romper el hielo con los clientes, cerrar una venta, o ganarse el favor de un tribunal. Mi padre es dentista y usa la magia para tranquilizar a los niños a los que atiende en su consulta. La magia es un recurso magnífico para conocer a gente, hacer amigos y, con la práctica, hasta para entrar en la programación de espectáculos de tu ciudad.

- **HABLAR EN PÚBLICO.** Es lo que da más miedo a la gente. En serio. Está por encima del miedo a ahogarse o a que a uno le caiga un rayo. Tanto si tu hijo aspira a ser el próximo David Copperfield, abogado, maestro de escuela, o político, en casi todos los trabajos tendrá que hablar delante de otras personas. Nada como la magia para aprender a hablar en público, a improvisar sobre el escenario, y a adaptarse a situaciones imprevistas.

- **AMOR POR LA LECTURA.** Con tantas distracciones digitales, hoy en día es difícil enseñar a un hijo a amar la lectura. Mis padres intentaron durante años animarme a leer todos los días una hora antes de acostarme, pero fue inútil. No tuve interés por la lectura hasta que descubrí la magia. Con el tiempo, aquellas ganas de leer me hicieron conocer muchas otras materias, pero empezaron porque todos los grandes secretos de la magia están escondidos en libros, y si quieres ser un buen mago tienes que desenterrarlos.

La magia no solo cambió mi vida, sino que la define por completo. Con ella me gano la vida. En el mundo de la magia he conocido a mis mejores amigos. Me ha llevado por todo el mundo y es lo primero y lo último en lo que pienso cada día. Este libro marca el comienzo de tu primer día como asistente grande de un mago pequeño. Tu hijo está a punto de aprender el secreto de ilusiones muy misteriosas e ingeniosas, lo que equivale a decir que tú también. Verás que para este libro he seleccionado efectos de magia tan sencillos para un niño como engañosos para un adulto. ¡Bienvenido al espectáculo!

La auténtica INTRODUCCIÓN

MI MAGO FAVORITO DE TODOS LOS QUE HAN EXISTIDO es un mago francés cuyo nombre consta de cuatro palabras difíciles de pronunciar: Jean-Eugene Robert-Houdin (suena algo así como Roberudén). Nació en 1805 y a veces siento que me hubiera gustado haber nacido entonces para haber visto su fantástico espectáculo. Robert-Houdin podía hacer que su hijo flotara por el aire, ver cosas sin mirarlas, y lograr que los naranjos florecieran a una orden suya. Comenzó a hacer magia en 1825 y, para mí, fue el mejor mago de la historia. Aun así, poco le faltó para no ser mago nunca.

Su padre era relojero, y también lo iba a ser su hijo de no haberse producido un afortunado error. De joven, Robert-Houdin pidió por correo un libro sobre relojería, pero al recibir el paquete resultó que por error el libro que le habían enviado era de magia. Al leerlo quedó entusiasmado. Los efectos mágicos parecían saltar de las páginas al interior de su cabeza, y supo entonces que quería dedicarse a la magia. Así que todo comenzó con un libro de magia.

Años más tarde, un joven americano llamado Erik Weisz leyó un libro escrito por el famoso Robert-Houdin. Erik quedó tan entusiasmado con el mago francés que cambió su nombre artístico en homenaje a él: de ahí en adelante actuaría como Houdini. De nuevo, todo comenzó con un libro de magia.

Conozco otra gran historia que comienza con un libro de magia: ¡la tuya! Tienes en tus manos una colección de secretos muy poderosos. Aprenderás cómo hacer desaparecer a tu hermano pequeño, a sacar golosinas del aire, a hacer que un sombrero aparezca en la cabeza de un amigo tuyo, y a ser la estrella de la próxima comida con tu familia. He escogido algunas de mis ilusiones favoritas y voy a compartir contigo todos los detalles que necesitas saber. La buena noticia es que la magia grande no tiene por qué ser difícil; a menudo puede hacerse con material que encontrarás en tu casa, y casi todos los efectos pueden aprenderse en menos de diez pasos.

A lo largo del camino también te revelaré los auténticos secretos para llegar a ser mago, como qué hacer si una ilusión falla o cómo perder el miedo escénico. También te hablaré sobre los grandes magos del pasado (incluyendo al Gran Houdini, por supuesto), chicos y chicas que eran como verdaderos súper héroes y cuyas vidas fueron tan asombrosas como sus ilusiones.

Estás a punto de convertirte en el chico más fascinante del vecindario. Y, ¿quién sabe?, quizá llegues a ser incluso el próximo rey de la magia. Y todo habrá comenzado con este libro.

Joshua Jay
Nueva York
Diciembre de 2015

Cómo leer este LIBRO

TÚ **NO NECESITAS** experiencia previa con la magia para leer este libro. Te explicaré todo con pasos fáciles de seguir. Pero si quieres sacar el máximo provecho a tu magia tendrás que conocer un poco la jerga de los magos. ¿Sabías que los brujos tienen palabras mágicas que usan para lanzar conjuros? Pues piensa en estas palabras como si fueran mágicas.

MANO IZQUIERDA Y MANO DERECHA. Tienes que distinguir una mano de la otra. Si se te olvida, echa un vistazo a este dibujo, que te ayudará. Además, ya sé que sabes dónde tienes los dedos, pero hay que aprender a llamarlos por sus nombres: pulgar, índice, medio, anular y meñique.

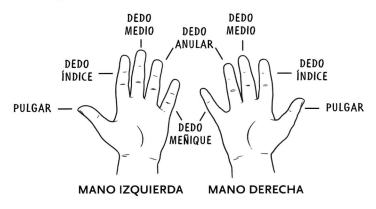

MÚSICA. Parte de la magia de este libro (por ejemplo, las grandes ilusiones) funciona mejor con música. Estarás demasiado ocupado corriendo, bailando y gateando, como para pensar en hablar al público. Estos efectos están señalados con una clave de sol. La música que emplees queda a tu elección, pero tiene que encajar con la magia.

GUIÓN. *Otros efectos del libro requieren que hables con el público. Algunos magos lo llaman «charla», pero nosotros lo llamaremos «guión». Podrás distinguir los textos relativos al guión de los otros textos porque los del guión están siempre en letras inclinadas como estas.*

IMPROVISADO. Parece una palabra difícil de pronunciar (vale muchos puntos en el juego del Scrabble), pero tienes que prestar atención a la magia que aparezca señalada como «improvisada». Se trata de magia que puedes hacer en cualquier momento, en cualquier lugar y con cualquier cosa. Bastará con que pidas prestado el material que necesites y estarás listo para actuar. Todos los efectos improvisados están indicados en la parte superior de la página con una banda inclinada como la que ves aquí arriba, para que puedas encontrar fácilmente los que quieras hacer a alguien en cualquier momento (después de haberlos practicado, por supuesto).

PREPARACIÓN. Cuando a veces hablo de la preparación de un efecto, me refiero a cómo volver a montarlo si quieres repetirlo otra vez. Si te lleva tres minutos tener todo listo otra vez, quiere decir que necesitarás esos tres minutos para preparar el juego antes de poder presentarlo.

DISTRACCIÓN. Es una de las herramientas más importantes en la caja de accesorios del mago. Es el arte de controlar hacia dónde y hacia qué debe dirigir el público su atención. En realidad, lo que haces es dirigirla hacia donde tú quieres que vaya.

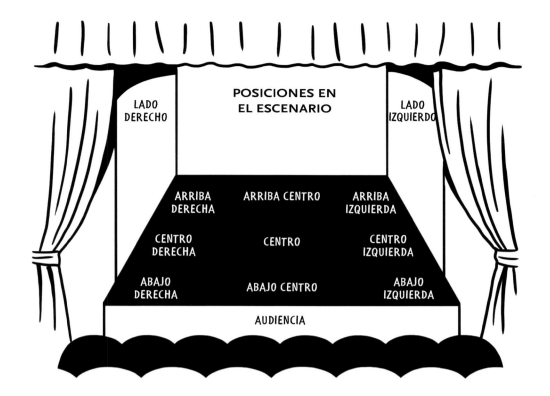

POSICIONES EN EL ESCENARIO. Dado que los efectos más grandes de este libro los presentarás en un escenario, deberás aprender las posiciones como se explican en la ilustración. Fíjate en que todas ellas se refieren al punto de vista de la persona que está sobre el escenario. Así es como se hace. Por ejemplo, la derecha del escenario está a la izquierda del público (y a la derecha del mago). Siempre podrás consultar este mapa si no lo recuerdas.

SE VE. Es una frase maldita en el mundo mágico. Si le dices a un mago que «se vio» se enfadará mucho. Cuando algo que hacemos «se ve» quiere decir que se ve la trampa. Si haces desaparecer una moneda pero al final se percibe un destello, significa que se ve que la moneda sigue en tu mano cuando supuestamente había desaparecido. Vamos a hacer un trato: desde ahora mismo vas a ensayar lo suficiente para que nada «se vea». ¿De acuerdo?

CINTA AMERICANA. Si he aprendido algo en mis veinticinco años en la magia, es que la cinta americana es lo más parecido a la magia de verdad. Puedes usarla para construir casi todos los accesorios que se explican en este libro o para reparar un aparato que se haya roto justo antes de la actuación. Si adoras la magia, hazte el favor de comprar un rollo de cinta americana.

TRUCADO. Un objeto trucado parece normal pero en realidad tiene trampa. Por ejemplo, en la página 62, aprenderás a fabricar y utilizar «La caja desmontable», que tiene pinta de un envase normal de cereales pero en realidad tiene truco (y muy bueno, además).

ESPECTADOR. En los libros de magia antiguos el espectador era la persona que subía al escenario para ayudar al mago. Pero la definición de «espectador» es alguien que mira algo, y no queremos que nuestro espectador mire, ¡queremos que nos ayude! Usemos, por tanto, «participante», puesto que el participante participa en la magia.

ASISTENTE. Es otra palabra para designar al ayudante del mago. Se menosprecia a los ayudantes diciendo que solo son chicos o chicas guapas que bailan entre ilusión e ilusión. Pero, como vas a aprender enseguida, a menudo los asistentes/ayudantes trabajan más que el mago. Son personas con mucho talento, y son tan necesarios en el espectáculo como el propio ilusionista. Los mejores magos se refieren a sus ayudantes como asistentes, y así los llamaremos nosotros.

EFECTO. Emplea la palabra «efecto», no «truco». Un truco es algo que enseñas a hacer a tu perro. Lo que hacen los magos es magia, o efectos, o ilusiones, pero, por favor, ¡no los llames trucos!

El juramento DEL MAGO

YA ESTÁS CASI LISTO para ser mago, ¡pero espera! Queda una cosa por hacer antes de comenzar. Atención. No te saltes esta página; es muy, muy, muy, pero que muy importante. Es el juramento del mago.

Los magos han existido, bueno… desde que ha existido la gente. A lo largo de la historia se los ha llamado chamanes, brujos, hechiceros y, por supuesto, magos. Y la razón de que los magos hayamos permanecido durante tanto tiempo es que guardamos nuestros secretos. Un mago nunca revela sus secretos, y ahora que tú eres mago, me tengo que asegurar de que no vas a estropear ninguna de estas ilusiones. Aunque se trate de tu mejor amigo o de tu hermano mayor, no puedes contarle los secretos. Cuando te prometan que no se lo contarán a nadie, simplemente contesta: «Eso mismo prometí yo cuando aprendí el secreto, así que no puedo revelarlo». ¿De acuerdo?

Me gustaría fiarme de tu palabra, pero no puedo. De hecho, no voy a dejar siquiera que pases de página hasta que hayas pronunciado el juramento del mago. Lee en voz alta el juramento y, en la parte donde pone «tu nombre aquí», di cómo te llamas. No digas en voz alta «tu nombre aquí», porque entonces el juramento no valdrá. Si no pronuncias el juramento del mago en voz alta, los magos del pasado lo descubrirán. Yo no sé cómo se enteran, pero, créeme, se enterarán.

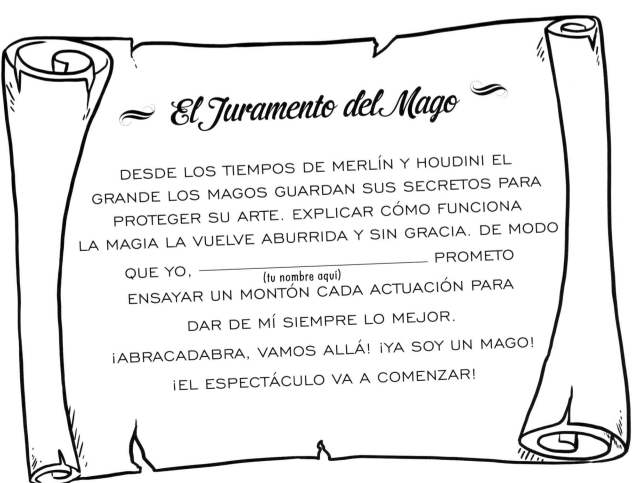

El Juramento del Mago

DESDE LOS TIEMPOS DE MERLÍN Y HOUDINI EL GRANDE LOS MAGOS GUARDAN SUS SECRETOS PARA PROTEGER SU ARTE. EXPLICAR CÓMO FUNCIONA LA MAGIA LA VUELVE ABURRIDA Y SIN GRACIA. DE MODO QUE YO, _____ PROMETO (tu nombre aquí) ENSAYAR UN MONTÓN CADA ACTUACIÓN PARA DAR DE MÍ SIEMPRE LO MEJOR.

¡ABRACADABRA, VAMOS ALLÁ! ¡YA SOY UN MAGO!

¡EL ESPECTÁCULO VA A COMENZAR!

LOS ~~TRUCOS~~ EFECTOS

CÓMO HACER VOLAR A TU HERMANO

(O HERMANA)

Se abre el telón y se ve a tu hermano (o hermana) tumbado encima de una mesa y cubierto solo por una sábana. Entras en escena, chasqueas los dedos y tu hermano cae instantáneamente en un sueño profundo. Al hacer unos pases con tus manos sobre su cuerpo, algo increíble comienza a ocurrir: tu hermano flota en el aire unos centímetros por encima de la mesa. Se oyen gritos ahogados de asombro entre el público.

Haces unos pases levantando las manos un poco más y tu hermano vuela más alto. Trazas por el aire con un dedo el perfil de su cuerpo para demostrar que no usas cables ni espejos. Tu hermano desciende misteriosamente hasta posarse de nuevo sobre la mesa y se despierta, incapaz de recordar la levitación que acaba de protagonizar.

CÓMO FUNCIONA

LA VERDAD ES QUE TU HERMANO (O QUIEN SEA TU ASISTENTE) NO VUELA. LE FABRICAS UNOS PIES FALSOS USANDO UNOS PALOS DE ESCOBA Y OTRO PAR DE ZAPATOS, DE MODO QUE PAREZCA QUE ESAS PIERNAS SE ELEVAN POR EL AIRE.

Necesitas

- ☞ **DOS PALOS DE ESCOBA**
  (u otros palos largos, bastones de esquiar, mangos de fregona, cualquier cosa larga, fina y ligera servirá).

- ☞ **UN PAR DE ZAPATOS**
  (lo ideal es que sean de tu asistente).

- ☞ **UN PERIÓDICO**

- ☞ **UNA ALMOHADA Y UNAS SÁBANAS**

- ☞ **UNA CAMA**
  Nota: Si actúas sobre un escenario, utiliza una mesa. Yo solía hacer mucho este juego en casa, en mi dormitorio.

- ☞ **UN ASISTENTE ENTRENADO**
  Los hermanos pequeños son los mejores para este juego, siempre que se comprometan a guardar el secreto.

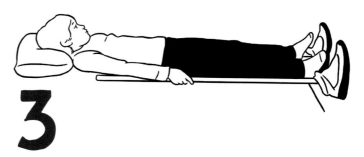

3

Pide a tu asistente que se tumbe entre los palos. Ponle una almohada bajo la cabeza. Pídele que arrime los brazos al cuerpo y que agarre un palo con cada mano. Sus pies tienen que quedar apoyados sobre la mesa un poquito por detrás de donde asomarán los zapatos.

1 PREPARACIÓN

Encaja un zapato en un extremo de cada uno de los palos. Mételos bien dentro para que no se caigan. Rellena los zapatos con papel de periódico para que los palos queden mejor fijados.

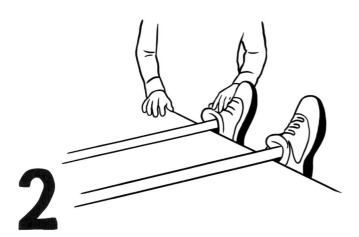

2

Coloca los palos sobre la cama o la mesa de modo que los zapatos sobresalgan un poco por el borde. Sepáralos entre sí más o menos la distancia equivalente al ancho de la espalda.

GUÁRDAME EL SECRETO

Esta ilusión no solo se puede presentar sobre un escenario. También es perfecta para hacerla en tu dormitorio. El público puede esperar fuera hasta que estéis listos. Si quieres comenzar la actuación delante de la gente, puedes ocultar los palos con los zapatos debajo de la sábana antes de empezar y pedir al público que entre en la habitación con tu asistente ya tumbado sobre la cama. Los asistentes bien entrenados también pueden realizar esta ilusión sin mesa ni cama. En su lugar puedes colocar juntas dos sillas tapizadas y pedir a tu asistente que se acueste sobre ellas.

4

Extiende una sábana sobre el cuerpo de tu ayudante de modo que solo asomen su cabeza y sus pies. La sábana debe cubrir todo desde el cuello hacia abajo, incluso sus pies (pídele que los ponga en punta para que no se noten debajo de la sábana).

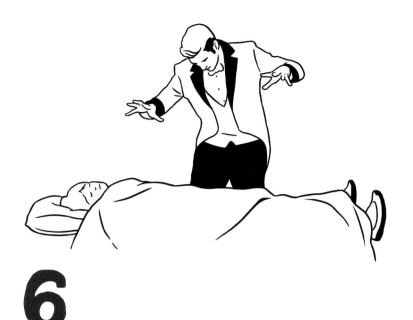

6

Ahora que tu asistente ha caído en un profundo sueño (estará actuando), haz unos pases amplios con las manos por encima de su cuerpo, como si tiraras de él hacia arriba con poderes magnéticos.

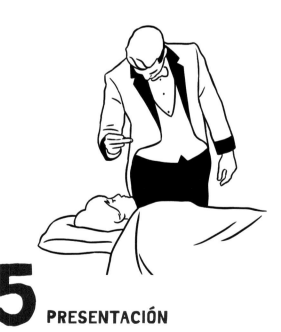

5 PRESENTACIÓN

Como mago, tu papel es puro teatro. Chasquea los dedos por encima de la cara de tu asistente. Cuando lo hagas, tu ayudante tiene que fingir que cae dormido instantáneamente en un profundo trance hipnótico.

7

Mientras gesticulas, tu asistente tiene que levantar lentamente los palos separándolos de la mesa. Al principio debe elevarlos solo unos pocos centímetros. Parecerá que empieza a flotar por encima de la mesa.

8

A medida que hagas gestos más amplios, tu asistente tendrá que levantar más los palos. Asegúrate de que los mantiene paralelos en todo momento. Controla que mantiene la cabeza inclinada hacia atrás y con el rostro relajado, como si estuviera en trance. El público le mirará a la cara e imaginará lo que está sintiendo mientras levita. Por eso tiene que mantener la cara relajada aunque los palos le pesen.

9

Mientras tú sigues lanzando tu conjuro de levitación, tu ayudante tiene que cambiar de posición. Debe incorporarse por debajo de la sábana hasta sentarse, y pasar a sujetar los palos bajo los brazos, donde pueda aprisionarlos.

10

Ahora tu asistente tendrá que darse un impulso hasta arrodillarse, de modo que pueda levantar los palos todavía más. Parecerá que está flotando muy por encima de la mesa. Recorre la sábana de lado a lado pasando las manos por encima para demostrar que no hay alambres ni hilos, pero asegúrate de que no se levante demasiado, ¡no vaya a ser que el público vea sus pies verdaderos!

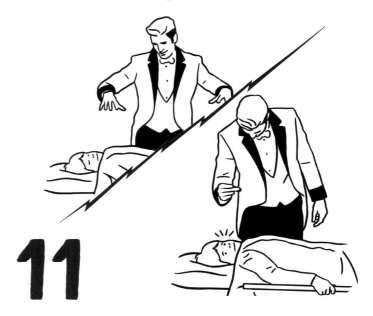

11

Para terminar, baja las manos a la vez que tu asistente vuelve a tumbarse y a bajar los palos. Cuando chasquees los dedos delante de su cara, abrirá los ojos y mirará alrededor como si no recordara lo que ha ocurrido. Pregúntale cómo se siente. Solo tendrá que decir: «Estoy un poco mareadillo».

Cómo superar el
MIEDO ESCÉNICO

LOGRAR LO IMPOSIBLE puede exigirte un gran esfuerzo, pero a muchos de nosotros lo que más nos cuesta es mantener la calma. Un mago tiene que acordarse de un montón de cosas: cómo presentar el efecto, qué decir mientras actúa, y qué hacer si algo sale mal. Incluso Houdini se ponía nervioso en el escenario. ¿Qué hacen los magos para evitar ponerse nerviosos? Ahí van los cuatro secretos:

1 ENSAYAR. Un montón. De hecho, ensayar tanto que la magia fluya de tus dedos con tal facilidad que ni siquiera tengas que pensar en ello. Recuerda que, por encima de todo, tu público quiere asombrarse contigo, lo que significa que quiere que todo te salga bien.

2 TENER UN PLAN DE RESERVA. Incluso si solo planeas presentar un efecto para alguien, ten siempre otro en el bolsillo. De ese modo, si algo sale mal, tendrás como reserva otro efecto probado e infalible.

3 ESTAR CÓMODO. Vístete con ropa cómoda. Si la ropa que llevas es demasiado ajustada o los zapatos te producen ampollas, no te podrás concentrar en la magia. Ayuda también a estar cómodo tener delante una cara conocida. Para mí siempre es un alivio tener a mi padre o a un amigo mirándome desde un lado del escenario, sonriéndome.

4 ENTENDER QUE ES NORMAL ESTAR NERVIOSO. Cuando yo comencé a actuar siempre me sentía muy, muy nervioso antes de las sesiones. Mi padre me solía decir: «Es bueno estar nervioso. Demuestra que te preocupas por hacerlo bien». Y eso siempre hacía que me sintiera mejor.

LA JARRA MÁGICA

En este clásico de la magia presentas una jarra llena de leche y haces un cono con una hoja de periódico. Viertes cuidadosamente la leche en él y te acercas a la primera fila del público. *En los próximos segundos*, dices, *presenciarán ustedes el mayor efecto mágico nunca visto, o si no, acabarán todos empapados*. A continuación, arrojas el contenido del cono en dirección al público. Sorprendentemente, la leche ha desaparecido y todos siguen tan secos como antes.

Necesitas

- PEGAMENTO PERMANENTE RESISTENTE AL AGUA

- UN TARRO TRANSPARENTE
  Deberá ser del mayor tamaño posible que encaje fácilmente dentro de la jarra. La ilustración del paso 1 te muestra la relación ideal, pero el efecto también funcionará si encuentras algo parecido.

- UNA JARRA TRANSPARENTE DE PLÁSTICO O DE VIDRIO

- LECHE O ALGÚN REFRESCO DE COLOR OSCURO

- UNA HOJA DE UN PERIÓDICO DE GRAN TAMAÑO

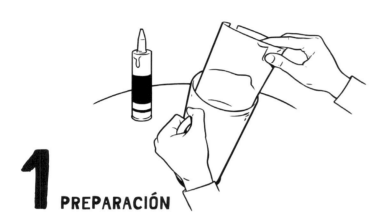

1 PREPARACIÓN

Para fabricar la jarra mágica pide a tu padre o a tu madre que te ayude a pegar con cola el fondo del tarro al interior del fondo de la jarra. Déjalo secar del todo.

2

Cuando vayas a actuar llena parcialmente la jarra con leche o con algún refresco oscuro. (No hay que beberse el líquido después. Es solo para la actuación). Viértelo con cuidado dentro de la jarra, pero por fuera del tarro. Así se crea la ilusión de que la jarra está llena cuando en realidad solo lo está el estrecho espacio existente entre la jarra y el tarro. Déjala encima de la mesita que utilices en la actuación y ya estás listo para empezar.

3 PRESENTACIÓN

Comienza enrollando la hoja de periódico para formar un cono estrecho. Dobla la punta del extremo inferior diciendo: *Doblo por aquí para que nada gotee por abajo.*

4

Toma la jarra y simula verter la leche en el cono. En realidad, al inclinar la jarra un poco hacia abajo (pero no tanto que se derrame nada), la leche pasará de la jarra al tarro. De ese modo el nivel del líquido de la jarra disminuirá y parecerá que lo hayas vertido dentro del cono de papel.

5 Deja la jarra sobre la mesa. El nivel del líquido se verá muy bajo, como si hubieras vertido gran parte de la leche en el cono. Sujeta el cono con delicadeza, como si intentaras mantenerlo de pie (para evitar «derrames»).

GUÁRDAME EL SECRETO

Este efecto es estupendo para acabar una actuación. Es visual y rápido, y cuando terminas todo el mundo te ovaciona.

6 Di: *En los próximos segundos van a presenciar ustedes el mayor efecto mágico nunca visto, o si no, acabarán todos empapados.* Empuja rápidamente el cono de papel hacia delante para que se vea que está vacío y luego arrúgalo haciendo una bola con él, demostrando así que no es posible que la leche esté escondida en su interior. Recibe el bien merecido aplauso.

HACER MAGIA PARA PONER FIN A UNA GUERRA

Quizá pienses que la magia es solo un entretenimiento que la gente contempla por diversión, pero Jean-Eugène Robert-Houdin ¡se valió de ella para detener una guerra! En 1856 el gobierno francés pidió a Robert-Houdin que viajara a Argelia para demostrar sus «poderes mágicos». Resulta que una tribu argelina se había rebelado contra sus gobernantes. Robert-Houdin presentó un efecto que él llamaba «El cofre ligero y pesado». Invitó al hombre más fuerte del público a que subiera al escenario para examinar un pequeño cofre del tamaño de una fiambrera. El hombre lo levantó con toda facilidad. Acto seguido Robert-Houdin le lanzó un conjuro (¡y se lo creyeron!) que había de privarle de toda su fuerza. Cuando el hombre intentó levantar de nuevo el cofre, ¡ya no podía con él! Robert-Houdin pidió entonces que subiera al escenario un niño, que levantó el cofre sin ninguna dificultad. La tribu argelina quedó espantada con la «magia» francesa ¡y así se evitó la guerra!

¿Cómo lo logró? Como te dije antes, la respuesta está en la ciencia. En 1856 se hizo muy popular una cosa llamada electromagnetismo que era totalmente desconocida por el público. Significa exactamente lo que indica su nombre: es un imán que se activa o desactiva mediante electricidad. Si se le da corriente se convierte en un potente imán, pero si se corta la corriente deja de ser magnético. Robert-Houdin incorporó un electroimán al escenario sobre el que actuó en Argelia. Como la base del cofre era de metal, cuando el mago quería privar a alguien de su fuerza daba corriente al electroimán que había debajo del escenario y el cofre se quedaba pegado al suelo por más que alguien intentara levantarlo. La idea de quitar la fuerza a una persona solo era una forma de desviar la atención del auténtico secreto: ciencia disfrazada.

LOS NUDOS DE LA IMAGINACIÓN

Introduces tres pañuelos de seda uno a uno en un tubo transparente… y las cosas se ponen interesantes. Pides a todos los presentes que te ayuden haciendo unos nudos invisibles. A continuación, les invitas a lanzarlos hacia el tubo que contiene los pañuelos. Al sacarlos, lo imposible ha sucedido: los tres pañuelos ¡están atados entre sí! Suena increíble, ¿verdad? Pero si aún necesitas una razón para aprender este efecto, ahí va: es mi **efecto favorito** de magia para niños y el que más me gusta enseñarles.

Necesitas

☞ **UN ROTULADOR NEGRO O MARRÓN**

☞ **UN TUBO TRANSPARENTE**

Los mejores tubos en este caso tienen unos 2,5 cm de diámetro y 30 cm de longitud. Puedes fabricarte uno fácilmente con una hoja de acetato transparente de las que se utilizan para dar clase; enróllala en forma de tubo y sujétala con cinta adhesiva. Si no pudieras encontrar material para construirte un tubo transparente, puedes emplear el tubo de cartón que viene con el papel de cocina.

☞ **DOS GOMITAS ELÁSTICAS DE ORTODONCIA**

Si tú o tu hermano lleváis ortodoncia seguro que tendréis un montón en casa. Son unas gomitas tan, tan pequeñitas, que puedes llevarlas tranquilamente en un dedo como si fueran anillos. Necesitarás dos.

☞ **TRES PAÑUELOS DE SEDA**

Puedes cortarlos de cualquier pieza de tela fina. Necesitas tres cuadrados de unos 25 cm de lado cada uno. A mí me gusta emplear pañuelos de seda de color rojo, azul y amarillo.

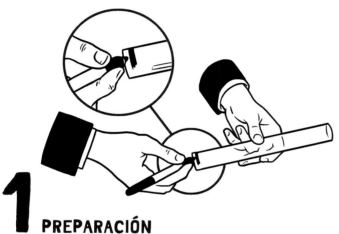

1 PREPARACIÓN

Pinta en cada extremo del tubo una banda de 1 cm de ancho. Puedes emplear el rotulador marrón o el negro y parecerá un detalle decorativo, pero en realidad esas bandas sirven para esconder las gomitas.

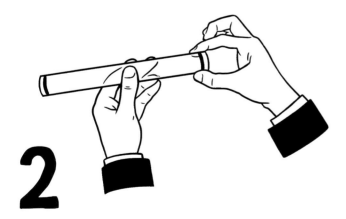

2

Pon una gomita en cada uno de los dos extremos del tubo de modo que se confundan con las bandas que has pintado en ellos. Ten los tres pañuelos a mano, en el bolsillo o en una mesa cercana.

3 PRESENTACIÓN

Explica: *Tengo un tubo transparente y tres pañuelos. Voy a introducir cada uno de ellos en el tubo de modo que podáis verlos entrar. Comenzaré por el rojo. ¿Queréis que meta el pañuelo rojo con un soplo mágico, o preferís que simplemente lo empuje con el dedo?* El público pedirá a gritos la primera opción, pero juega un poco con ellos. Actúa como si hubiesen elegido lo contrario. *Vale, de acuerdo. O sea, que queréis que lo empuje con el dedo.*

3: LOS NUDOS DE LA IMAGINACIÓN

Empuja el pañuelo rojo al interior del tubo inclinado, de forma que las esquinas queden asomando por ambos extremos. Pregunta: *¿Queréis que el pañuelo azul lo meta soplando mágicamente o simplemente empujándolo?* Una vez más, digan lo que digan, respóndeles: *Vale, lo empujaré con el dedo. Como queráis.* Todos se reirán porque estás haciendo lo contrario de lo que te han indicado.

Comienza a meter el pañuelo azul en el tubo, empujándolo.

LO QUE NO SE VE

Pero al meter la esquina del pañuelo azul en el tubo junto a la esquina del pañuelo rojo, desprende en secreto la gomita de ese extremo del tubo y deja que atrape las esquinas superpuestas de ambos pañuelos.

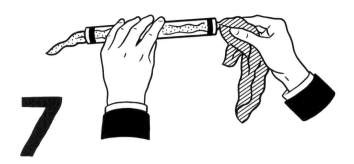

Cuando la gomita ciña firmemente las puntas de los dos pañuelos, continúa metiendo el azul en el tubo, asegurándote de que el rojo permanece dentro. Ninguno de los pañuelos debe asomar más de un par de centímetros por los extremos.

LO QUE NO SE VE

Repite la broma de antes al introducir el último pañuelo, el amarillo, pero gira el tubo para meterlo por el extremo opuesto.

LO QUE NO SE VE

Igual que antes, desprende en secreto la gomita del extremo para atrapar las esquinas de los pañuelos azul y amarillo. Después termina de introducir el pañuelo amarillo.

10

Cuando hayas metido los tres pañuelos, exhibe el tubo de modo que todos puedan verlo. Dentro se distinguirán tres bultos arrugados de colores: amarillo, rojo y azul. Después déjalo sobre la mesa.

11

Ahora necesito que todos me ayudéis: los de delante y los de atrás, los niños, los adultos, ¡TODO EL MUNDO! Por favor, meted la mano en vuestras cabezas y tirad para sacar un poco de cuerda imaginaria. Simula extraerte una cuerda imaginaria de la oreja.

12

¡Ahora haced un nudo! Puede ser un nudo como este… Finge hacer un nudo simple, como harías con los cordones de los zapatos. *…O bien uno de fantasía, como este otro.* Mientras hablas, simula hacer el nudo más loco que se te ocurra, retorciendo las manos una alrededor de la otra ¡tan rápido que incluso se te traben los dedos!

13

Lo que viene ahora es muy divertido. Acércate al público y busca a la persona más tímida que encuentres. Simula tomar de sus manos el nudo imaginario y pregúntale: *¿Ves este nudo? Es un nudo precioso. Me encanta.* Pide ahora a todos que levanten sus nudos imaginarios por encima de sus cabezas y los lancen hacia el tubo a la cuenta de tres: *Una, dos… ¡tres!* Para terminar las bromas, en cuanto todos los hayan lanzado en dirección al tubo, agáchate y simula recoger uno del suelo. Entrégaselo a cualquier adulto del público, diciendo: *Bueno, no a todo el mundo le sale la primera vez.* Todo lo anterior es juego y resulta muy divertido, pero la presentación es lo que hace que este efecto sea mi favorito.

14

Retrocede hacia la mesa donde está el tubo y explica: *Vamos a ver qué tal ha salido todo. Puedo sacar los pañuelos del tubo tirando de ellos o soplando mágicamente. Como prefiráis.* Todos gritarán *¡Soplando mágicamente!* Esta vez, por fin, estás de acuerdo con ellos. Arrima los labios a uno de los extremos del tubo y sopla con fuerza. Los tres pañuelos saldrán disparados por los aires.

15

Caerán volando de forma sútil y todo el mundo se dará cuenta enseguida de que están anudados entre sí. ¡Funcionó! Caza la cadena de pañuelos y felicita al público por lo bien que lo ha hecho, ya que, después de todo, fueron ellos quienes hicieron los nudos imaginarios.

GUÁRDAME EL SECRETO

Lo que me encanta de este efecto, fruto de la mente del maravilloso mago Pavel, es que todos participan en lograr que ocurra algo mágico. Es uno de los pocos efectos en los que *todo el público* ayuda al mismo tiempo.

Quizá te inquiete pensar que alguien pueda darse cuenta de que los pañuelos no están atados de verdad, pero mientras muestres la cadena de pañuelos solo un momento, hagas una reverencia y luego los dejes a un lado, no tienes nada que temer.

Las Reglas
Y CUÁNDO SALTÁRSELAS

Los magos siempre hablan de las cuatro «reglas» de oro de la magia, pero ¿sabes qué? Algunos de mis magos favoritos y de mis efectos de magia preferidos se las saltan. Así que mejor considerémoslas como consejos. Normalmente conviene seguirlas, a no ser que tengas una buena razón para saltártelas.

1 NUNCA REPITAS UN EFECTO. Cuando repites un juego brindas al público otra oportunidad de descifrarlo.

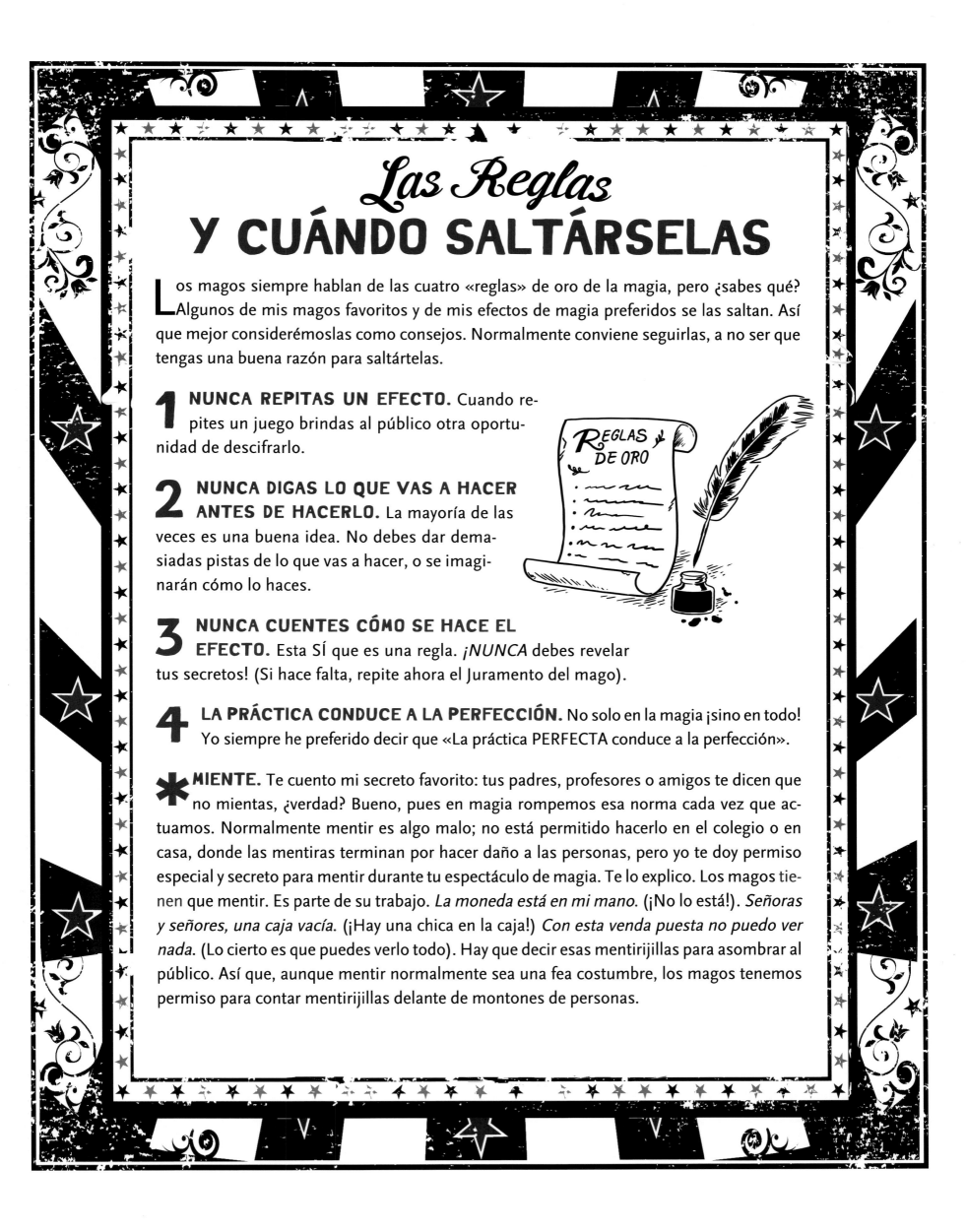

2 NUNCA DIGAS LO QUE VAS A HACER ANTES DE HACERLO. La mayoría de las veces es una buena idea. No debes dar demasiadas pistas de lo que vas a hacer, o se imaginarán cómo lo haces.

3 NUNCA CUENTES CÓMO SE HACE EL EFECTO. Esta SÍ que es una regla. ¡*NUNCA* debes revelar tus secretos! (Si hace falta, repite ahora el Juramento del mago).

4 LA PRÁCTICA CONDUCE A LA PERFECCIÓN. No solo en la magia ¡sino en todo! Yo siempre he preferido decir que «La práctica PERFECTA conduce a la perfección».

* MIENTE. Te cuento mi secreto favorito: tus padres, profesores o amigos te dicen que no mientas, ¿verdad? Bueno, pues en magia rompemos esa norma cada vez que actuamos. Normalmente mentir es algo malo; no está permitido hacerlo en el colegio o en casa, donde las mentiras terminan por hacer daño a las personas, pero yo te doy permiso especial y secreto para mentir durante tu espectáculo de magia. Te lo explico. Los magos tienen que mentir. Es parte de su trabajo. *La moneda está en mi mano.* (¡No lo está!). *Señoras y señores, una caja vacía.* (¡Hay una chica en la caja!) *Con esta venda puesta no puedo ver nada.* (Lo cierto es que puedes verlo todo). Hay que decir esas mentirijillas para asombrar al público. Así que, aunque mentir normalmente sea una fea costumbre, los magos tenemos permiso para contar mentirijillas delante de montones de personas.

4

CÓMO DAR A TUS PADRES UN BUEN SUSTO

Te pones una mano encima de la cabeza, la otra en la barbilla, y te retuerces rápidamente la cabeza. En ese instante el público oye crujir los huesos de tu cuello con un ruido horrible. Sin embargo, al final... no te pasa nada.

El propósito de este libro es explicar magia asombrosa, pero vamos a hacer una excepción para incluir esta broma tan divertida y chocante porque también es una especie de ilusión. Puedes probarla con tu padre o tu madre ¡ya mismo!

CÓMO FUNCIONA

LLEVAS UN VASO DE PLÁSTICO BAJO EL BRAZO QUE, AL APLASTARLO CONTRA EL CUERPO, SUENA MUY PARECIDO A UNA ROTURA DE HUESOS.

Necesitas

☞ UN VASO DE PLÁSTICO DESECHABLE

Emplea uno de los que no se astillan al aplastarlos. Prueba el sonido cerrando los ojos y aplastando el vaso. Si suena a huesos rompiéndose, ya lo tienes.

3

Antes de que alguien se ofrezca a darte un masaje, sacude rápidamente la cabeza hacia un lado a la vez que simulas retorcerla con las manos. (No la retuerzas de verdad porque te puedes hacer daño).

1 PREPARACIÓN

Colócate el vaso bajo el brazo izquierdo. Si llevas una camisa que te quede un poco holgada, nadie lo notará. Los mejores resultados se obtienen si te pones el vaso debajo de la camisa o de la chaqueta, de modo que quede totalmente oculto.

4

La acción natural de empujar tu antebrazo izquierdo hacia abajo cuando mueves la cabeza, hace que el brazo presione el vaso y lo estruje contra tu costado. Con el ritmo adecuado, parece y suena perfecto.

2 PRESENTACIÓN

Cuando estés listo para actuar, coloca la mano derecha encima de la cabeza y la mano izquierda contra la barbilla. Explica que sientes un dolor extraño en el cuello.

GUÁRDAME EL SECRETO

Usa esta idea como una ilusión cómica y deshazte del vaso después en secreto. O inclúyelo en tu espectáculo. Conseguirás montones de «¡Uuufffff!» y de «¡Aaayyys!» cuando lo hagas, y si después metes la mano debajo del brazo y sacas el vaso estrujado, provocarás una gran carcajada. Revelar secretos mágicos (incluso para hacer reír) no es una buena idea, pero esta ilusión es tan básica, que no importa.

ENVUELTO PARA REGALO

Entras en el escenario junto con tu asistente, Dani. Entre los dos, extendéis y mostráis una sábana grande de pie. Dani se apoya contra la sábana y tú lo envuelves con ella, como si fuera una momia, de modo que el público solo ve su silueta. Cuando, después, desenvuelves a Dani, resulta que ¡se ha transformado en su hermana María! ¿Dónde está Dani?
Señalas hacia el fondo del teatro o habitación, y está allí, tocando un silbato para llamar la atención.

CÓMO FUNCIONA

LA CLAVE DE ESTE JUEGO ESTÁ EN CÓMO SE ENROLLA LA SÁBANA. MARÍA ESTÁ ESCONDIDA Y SE CAMBIA CON DANI EN EL MOMENTO EN QUE ÉL SE ESCAPA EN SECRETO Y CORRE RODEANDO LA SALA PARA ENTRAR DESDE ATRÁS, DONDE SE DEJA VER EN EL MOMENTO OPORTUNO.

Necesitas

☞ **DOS ASISTENTES**
Conviene que sean dos asistentes que tengan más o menos la misma estatura.

☞ **UNA CORTINA**
Tienes que realizar esta ilusión directamente delante de una cortina que tenga una abertura en el centro.

☞ **UNA SÁBANA**
Necesitas una sábana bien grande que no se transparente ni siquiera en un escenario cuando los focos la iluminen directamente.

☞ **UN SILBATO**
Puedes usar un silbato o un tambor, cualquier cosa que produzca mucho ruido.

2 PRESENTACIÓN

Sujetad la sábana entre Daniel y tú por las esquinas superiores, de manera que quede extendida. Asegúrate de que se posa en el suelo al mostrarla. (¡De lo contrario el público podría notar un par de pies que se supone no deberían estar allí!).

LO QUE NO SE VE

3

Ahora Daniel se sitúa detrás de la sábana, oculto para el público, y va a parecer que se envuelve en ella dando vueltas hacia ti, el mago. En realidad, en cuanto se coloca tras la sábana, María sale silenciosamente de detrás de la cortina, oculta por la sábana y la agarra por el mismo punto por el que la sujeta Daniel...

1 PREPARACIÓN

Esta ilusión se parece más a una coreografía de baile que a un efecto mágico; todos debéis andar ligeros y moveros con agilidad. Tendréis que ensayar para que vaya como la seda.

Al comenzar, tú estás en el lado izquierdo de la escena, y tu asistente, Daniel, en el lado derecho. María se coloca secretamente detrás de la cortina, a un lado.

4

…permitiendo que Daniel la suelte y que abandone el escenario rápida y silenciosamente por detrás de la cortina. Una vez que Daniel ya está fuera…

6

Ahora, con mucho cuidado, la guías hasta el centro del escenario (con pasitos cortos; ¡recuerda que ella no puede ver!). Mientras, Daniel está dando en secreto la vuelta a la sala y llegando a la entrada. Cruza la puerta y se queda en el fondo con el silbato preparado.

5

…María continúa envolviéndose ella misma en la sábana. Asegúrate de que en todo momento la sábana esté en contacto con el suelo.

7

Para mostrar que Daniel se ha transformado en María, desenvuélvela. *¡Tachán!* Luego pregunta: *Pero si Daniel se ha transformado en María, ¿dónde está Daniel?*

¿Qué debo hacer
SI UN EFECTO FALLA?

Hacer cosas imposibles puede resultar difícil. Si fueran fáciles, no se considerarían imposibles. El público entiende que la magia requiere una destreza increíble, preparación y concentración. Y mientras vean que estás intentando hacerlo lo mejor posible, disfrutarán del espectáculo.

Voy a compartir otro secreto contigo: cuando algo salga mal, sigue adelante. Probablemente seas el único que lo notará. Sí, has leído bien: probablemente seas el único que notará que ha habido un fallo. Los efectos mágicos son como relojes: hay un montón de piezas en movimiento y nadie las ve. Incluso cuando una va mal, la gente normalmente solo nota las que van bien.

8

Señala entonces hacia el fondo de la sala. Asegúrate de que quien maneje las luces del teatro apunte ahora hacia Daniel, que hace notar su presencia tocando el silbato.

GUÁRDAME EL SECRETO

La clave de esta ilusión es que los tres os sepáis vuestros papeles y cómo tenéis que moveros. Así, todo ocurre rápidamente y de forma fluida. Y aunque el mago no interviene demasiado en el funcionamiento de la ilusión, tiene que volcarse en la presentación. Son tus gestos, lo que dices y dónde miras los que crean la ilusión de que dos personas se intercambian mágicamente.

LA LLAVE ESPECTRAL

Muestras al público una bonita y antigua llave de metal y la dejas sobre tu mano. Sin mover un solo músculo, la llave «embrujada» gira misteriosamente por sí sola.

CÓMO FUNCIONA

EN ESTA ASOMBROSA ILUSIÓN EL PESO Y LA FORMA DE CIERTAS LLAVES ANTIGUAS LO HACEN TODO POR TI. BASTA CON INCLINAR UN POCO LA MANO PARA QUE LA LLAVE SE GIRE, APARENTEMENTE POR SÍ SOLA.

Necesitas

☞ **UNA LLAVE GRANDE Y ANTIGUA**

Son muy fáciles de encontrar en tiendas de antigüedades, mercadillos, en Internet, o quizás en el garaje de tu abuelo. Hazte con la más grande que encuentres, cuanto más pesada mejor. También necesitas que el tubo sea redondeado, como una varilla, para que ruede con facilidad.

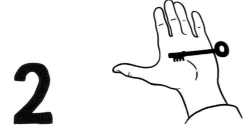

1 PRESENTACIÓN

Esta llave es muy antigua, dices al tiempo que se la entregas a un espectador para que la examine. *Se usaba para abrir y cerrar puertas hace muchos años. Giró tantas veces en la cerradura que ahora gira por sí sola. Os lo voy a mostrar.*

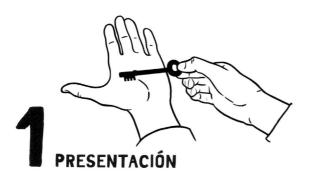

2

Colócate la llave sobre la mano izquierda palma arriba, de modo que el extremo de la llave (el anillo) quede totalmente fuera de la mano.

3

Mira a la llave e inclina el cuerpo hacia delante, como si creyeras que pudiera girar por sí sola. Al inclinarte hacia delante ladea la palma izquierda muy, muy, pero que muy ligeramente hacia abajo. Si el público notase que estás inclinando la mano, la ilusión desaparecería, así que la clave es ser sutil.

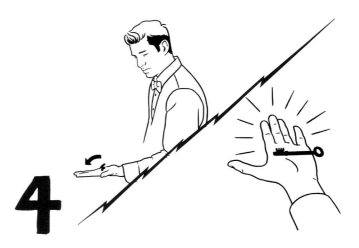

4

Al inclinar la mano hacia delante la llave comenzará a rodar despacio. No pierdas la concentración y no te muevas. Una vez que la paleta de la llave comience a girar, su propio peso terminará la faena y ¡completará la rotación!

La llave girará más despacio mientras la paleta esté apuntando hacia arriba, y después girará del todo sobre la palma de tu mano. Es uno de los pocos momentos en los que el ilusionista puede observar cómo ocurre la magia ¡sin tener que mover un solo músculo!

GUÁRDAME EL SECRETO

No pases por alto «La llave espectral» solo porque no encuentres una llave adecuada por tu casa. Es probable que tus vecinos tengan alguna que no usen. Vale la pena que encuentres una, porque puedes llevarla todo el tiempo en el bolsillo para hacer el juego a los amigos, o para un grupo grande, invitándolos a que se coloquen a tu alrededor.

LA TACITA QUE SE ESFUMA

En esta joya clásica de la magia consigues que una frágil taza de té ¡desaparezca por completo! Es el efecto perfecto para hacerlo **con** tu padre o tu madre porque es un trabajo (secreto) de equipo.

CÓMO FUNCIONA

SE CREA LA ILUSIÓN DE QUE UNA TAZA DE TÉ DESAPARECE DEBAJO DE UNA SERVILLETA DE PAPEL, PERO LA VERDAD ES QUE GRACIAS A UN SIMPLE TRUCAJE Y A LA AYUDITA DE ALGÚN AMIGO LA TAZA NO LLEGA A ESTAR NUNCA DEBAJO DE LA SERVILLETA.

☞ UN LAPICERO

☞ UNA TAZA DE TÉ CON SU PLATILLO A JUEGO

Es probable que tu mamá tenga algún juego de té viejo en el aparador. Si no encuentras en casa una taza y un platillo que puedas encolar, busca algún juego de té barato en una tienda de segunda mano o en un bazar.

☞ TIJERAS

☞ UN TROZO DE CARTÓN O CARTULINA FINA

Una caja de cereales o la cubierta de un viejo bloc de notas valen perfectamente.

☞ PEGAMENTO

☞ UNA SERVILLETA DE PAPEL

☞ UN ASISTENTE DIGNO DE CONFIANZA

Los padres son ideales para esto.

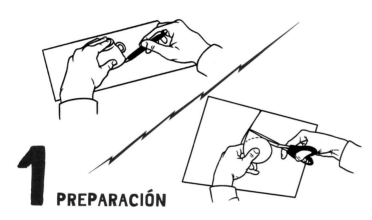

1 PREPARACIÓN

Con un lapicero, traza el contorno de la boca de la taza sobre la cartulina. Con las tijeras, recorta el círculo de cartón resultante.

2

Pega la base de la taza en el centro del platillo.

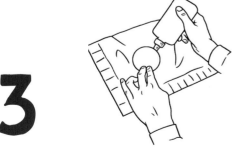

3

Pega el disco de cartón en el centro del envés de la servilleta de papel. Estás listo para actuar.

4 PRESENTACIÓN

Pide a tu asistente que te traiga la taza en el platillo y que camine hacia ti despacio, como si la taza pudiera caerse en cualquier momento.

5

Mientras tanto, despliega la servilleta y muéstrala sin dejar ver el círculo de cartón del otro lado. Tu asistente dice: *He pensado que te apetecería una taza de té antes del siguiente efecto.*

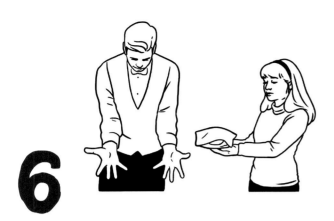

6

Mientras tu asistente sostiene la taza, cúbrela con la servilleta de modo que el disco de cartón quede directamente encima de la boca. Muestra las manos vacías por delante y por detrás, y luego simula levantar la taza del platillo.

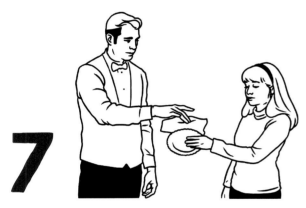

7

En realidad, pones la mano derecha encima de la taza y levantas solo el disco de cartón. Al mismo tiempo...

8

...tu asistente gira el platillo hacia dentro, hacia su cuerpo, ocultando por completo la taza. El público solo verá el dorso del platillo. Tu asistente puede ya retirarse o dejar el platillo en tu caja de magia, si es que tienes una. Sea como sea, asegúrate de que no se vea que la taza está pegada.

9

Para el público, la servilleta que sostienes parece estar cubriendo la taza de té. Ay, si supieran....

10

Responde: *Eres muy amable, pero ahora mismo no tengo sed.* Y, entonces, choca rápidamente las manos entre sí haciendo una bola con la servilleta. Lánzala a tu espalda y comienza el siguiente efecto como si nada.

GUÁRDAME EL SECRETO

El mismo método puede usarse para hacer desaparecer otras cosas. Puedes hacer que desaparezca un juguete de una bandeja o una pieza de ajedrez de un tablero. Si lo puedes pegar a una superficie plana, ¡puedes hacer que desaparezca!

¡FUERA ATADURAS!

Tu asistente te ata fuertemente las manos con una cuerda pero consigues zafarte en cuestión de segundos. El famoso ilusionista Harry Houdini era conocido por realizar una espectacular proeza muy parecida a esta.

CÓMO FUNCIONA

TU ASISTENTE TE ATA LAS MANOS CON UN NUDO ESPECIAL QUE, AUNQUE PARECE SEGURO, TE PERMITE SACAR LAS MANOS.

☞ UN ASISTENTE DIGNO DE CONFIANZA

☞ UNA CUERDA DE AL MENOS 60 CM DE LARGO

La cuerda de tender la ropa va bien, pero en caso de necesidad puedes usar una cinta gruesa o una tira estrecha de tela.

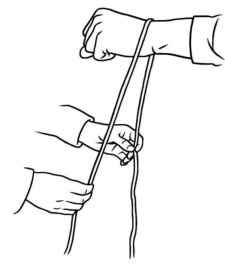

1 PRESENTACIÓN

Pide a tu asistente que pase la cuerda por tu muñeca izquierda.

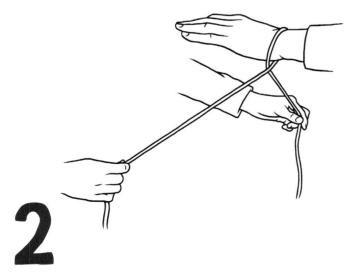

2

Indícale que cruce los extremos de la cuerda por debajo de la muñeca. (La mano izquierda está palma abajo y el punto donde se cruza la cuerda quedará justo debajo de la palma izquierda).

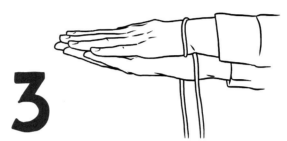

3

Coloca la palma derecha contra la palma izquierda de modo que las muñecas queden alineadas. Tu ayudante ya puede soltar la cuerda.

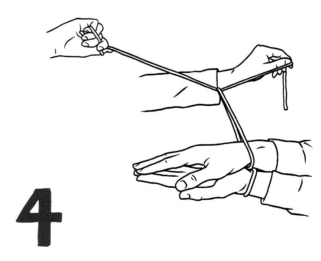

4

Gira las manos, sin separarlas, de modo que la derecha quede arriba. Pide a tu asistente que agarre de nuevo los extremos de la cuerda y los ate alrededor de tu muñeca derecha todo lo fuerte que pueda, con un doble nudo, corredero, triple, como quiera. Puedes incluso pedírselo a un voluntario. Insiste en que haga un nudo muy fuerte, tan fuerte que no tengas forma de escapar.

5

Toma prestada la chaqueta de alguien y pide a tu ayudante que la ponga delante de tus manos para que el secreto de tu escape quede oculto.

LO QUE NO SE VE

6

Una vez que tus manos hayan quedado ocultas, simplemente gíralas en direcciones opuestas. Verás que la cuerda forma en realidad un aro grande y flojo retorcido. Al enderezarlo, la cuerda se afloja y puedes sacar fácilmente una mano.

7

Saca la mano derecha por encima de la chaqueta, extiende tres dedos y anuncia: *Voy a escapar de esta cuerda a la cuenta de tres.* Al comienzo la gente no se dará cuenta de la cómica situación. Acabas de sacar la mano y decir que te vas a escapar… ¡pero en realidad ya te has escapado!

LO QUE NO SE VE

8

Lleva rápidamente la mano detrás de la chaqueta otra vez, métela dentro del aro de cuerda por donde la sacaste, y retuércela otra vez.

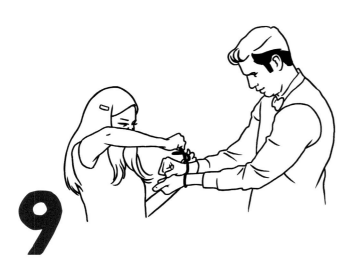

9

Sube ambas manos para mostrar que siguen fuertemente atadas. Incluso puedes pedir a un voluntario que compruebe que el nudo no se ha aflojado.

10

Lleva las manos detrás de la chaqueta otra vez, saca la derecha como hiciste antes, y esta vez ráscate la nariz un momento diciendo: *Perdonad, me pica la nariz. Es solo un momento.* Has vuelto a escaparte en cuestión de segundos por un motivo bastante tonto. Aquí volverán a reírse.

11

Lleva la mano detrás de la chaqueta y vuelve a meterla en el aro de cuerda. A continuación, vuelve a sacar las manos por encima de la chaqueta para mostrar que siguen atadas.

12

Cuando estés listo para escapar de una vez por todas, lleva las manos detrás de la chaqueta, libéralas y lanza la cuerda al suelo. Levántalas bien alto y saluda al público.

GUÁRDAME EL SECRETO

Los escapes son una forma de magia diferente. Con los efectos mágicos demuestras lo imposible. El público sabe que lo que haces no es real, y eso es precisamente lo que hace que la magia sea divertida: es un juego de fantasía entre el público y tú. Sin embargo, los escapes gustan porque son reales. La gente sabe que es posible escapar de cuerdas, cadenas o cajas, pero también que es muy difícil.

Houdini y
EL GRAN ESCAPE DE LA AVIONETA

PROBABLEMENTE HAYAS OÍDO HABLAR DE Houdini como del mayor escapista de todos los tiempos, famoso por escapes como el que acabas de aprender. Pero, ¿sabías que también hizo películas mudas?

Una vez, cuando Houdini estaba rodando una película llamada *El juego macabro* ocurrió un terrible accidente. Se suponía que en la escena Houdini debía pasar de una avioneta a otra trepando por una cuerda, pero durante el rodaje las dos avionetas chocaron en el aire y se estrellaron. Afortunadamente, los pilotos y Houdini sobrevivieron. Al día siguiente, aunque un poco magullado, Houdini anunció que había sobrevivido a un terrible accidente de aviación.

Pero aquí viene lo mejor de todo en mi opinión: ¡era mentira! Un especialista, no Houdini, era quien estaba rodando la escena en el aire aquel día. Ese hombre se llamaba Robert Kennedy, y era quien bajaba por la cuerda en las alturas de una avioneta a la otra. Cuando las avionetas chocaron fue Robert Kennedy, no Houdini, quien sobrevivió al accidente. Se publicitó como uno de los grandes escapes de Houdini cuando en realidad él ni siquiera estaba en la avioneta.

EL ASOMBROSO TUBO DE LOS MISTERIOS,
O DEL DESTINO, O DE LO QUE SEA

Muestras un tubo vacío y saludas al público mirando a través de él. Se ve claramente que no hay nada dentro. A continuación, haces un pase mágico sobre el tubo y sacas serpentinas de seda y golosinas... de ese tubo que estaba vacío... Es el Asombroso Tubo de los Misterios... o del Destino... ¡o de lo que sea!

CÓMO FUNCIONA
EL TUBO TIENE OCULTO UN COMPARTIMENTO SECRETO QUE SE PUEDE VER SOLO POR UN LADO Y QUE ESTÁ LLENO CON LOS OBJETOS QUE HARÁS APARECER.

Necesitas

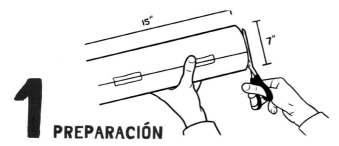

1 PREPARACIÓN

Primero hay que fabricar el tubo, que en realidad son dos, uno dentro del otro. Para construir el tubo exterior recorta una de las hojas de cartulina de modo que al enrollarla se forme un tubo de unos 18 cm de diámetro y 30 cm de largo. (Puedes fabricar un tubo más corto o más ancho según la cantidad de cosas que quieras hacer aparecer). Pon cinta adhesiva a lo largo de la junta. Recorta la otra hoja de cartulina para hacer un tubo un poco más pequeño que además disminuya de tamaño de un extremo a otro (o sea, que tenga forma ligeramente cónica). Un extremo de este tubo deberá ser igual de ancho que la boca del tubo grande (18 cm), pero el otro tendrá unos 8 cm de diámetro. Cierra este tubo pequeño aplicando cinta adhesiva a lo largo de la junta.

2

Decora por fuera el tubo exterior con un signo de interrogación y tendrás el Tubo de los Misterios; decóralo con colores oscuros y tendrás el Tubo del Destino. En fin, que lo decores como te apetezca.

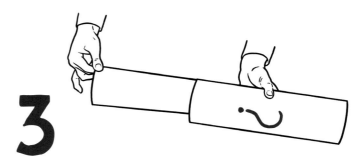

3

Introduce el tubo interior, cónico, en el exterior, más grande. Cuadra bien los extremos anchos.

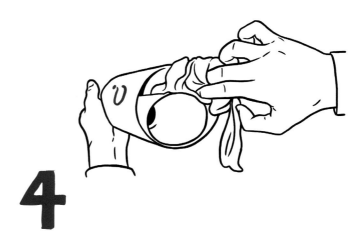

4

Rellena con los pañuelos (o los objetos que vayas a producir) el espacio que queda entre los dos tubos. Cuando hago este juego me gusta emplear unos cuantos pañuelos de seda fina atados por las esquinas.

LO QUE NO SE VE

5

Con los tubos ya ensamblados y los pañuelos en su sitio, el accesorio trucado está listo. Cuando muestres al público el extremo del tubo todo parecerá normal. Desde donde miras tú se ve toda la trampa. (Afortunadamente, eres el único que va a ver el tubo desde ese lado).

6 PRESENTACIÓN

Cuando te dispongas a presentar el juego, mira al público a través del tubo para demostrar que está vacío. Intenta establecer contacto visual con todo el mundo. Si te están mirando, significa que están viendo a la vez que el tubo está vacío. Mira a derecha e izquierda para que hasta los niños que estén a los lados puedan ver el tubo.

7

A continuación, sujétalo de modo que la boca apunte hacia arriba y haz unos pases con la mano libre por encima de él. (Tienes que dar los pases mágicos porque son los que «harán» que las serpentinas aparezcan).

8

Mete la mano en el tubo y saca lentamente los objetos que hayas metido en él. Si se trata de una cadena de pañuelos de seda, entrega uno de los extremos a alguien de la primera fila y luego camina despacio hacia atrás, dejando que la cadena vaya extendiéndose para que todos puedan verla.

GUÁRDAME EL SECRETO

No pases por alto el paso 7. Es, en muchos aspectos, el más importante. Como magos, a veces solo nos preocupa cómo funciona un efecto o asegurarnos de ejecutar todos los pasos correctamente. Pero para el público estamos *haciendo magia*, y eso significa que en cada efecto tenemos que dedicar un tiempo a hacer realmente algo de magia. Puede ser una cosa tan sencilla como hacer un pase con una varita o con la mano, o decir una palabra mágica, o cerrar los ojos durante unos segundos para concentrarte profundamente, pero siempre hay que simular hacer algo para que ocurra la magia.

VIVITO Y COLEANDO

El mago hace que su asistente aparezca instantáneamente en el escenario. Se trata de una ilusión para presentar con la ayuda de un equipo o de un grupo de amigos. Todos tienen una función y cada persona ha de confiar en que los demás hagan su parte. Para que la ilusión parezca perfecta todos tendrán que trabajar coordinados. (Y cuando parezca perfecta, te aseguro que podrás ganar concursos con ella).

CÓMO FUNCIONA

TU ASISTENTE SE OCULTA TRAS UNO DE LOS PANELES LATERALES DEL ESCENARIO Y APARECE JUSTO EN EL MOMENTO OPORTUNO.

☞ **DOS PANELES GRANDES, PERO LIGEROS**

Construye los paneles con cartulina gruesa o cartón pluma, o pide a un adulto que prepare un par de bastidores de madera que puedas recubrir con cartulina ligera. Los paneles medirán más o menos 1,20 m de ancho y 1,80 m de alto (estas dimensiones pueden ser más reducidas si los actores son más bajos, basta con que sobrepasen 10 cm la altura del actor más alto). Fija un clavo o un gancho en el dorso de uno de los paneles porque durante el efecto necesitarás colgar rápidamente algo en él. Recorta un asa para cada panel y estarán listos.

☞ **CUATRO PERSONAS**

Tú, —el mago (por supuesto)—, y tres asistentes.

☞ **DOS DISFRACES IDÉNTICOS**

La idea de esta ilusión es que muestres un disfraz y a continuación, en cuestión de segundos, hagas aparecer a una persona vestida con él. Genial, ¿verdad? Necesitarás dos disfraces idénticos, uno para que lo lleve puesto tu asistente y otro para mostrarlo colgado de una percha.

☞ **MÚSICA**

Busca algo divertido y animado. (Si optas por el disfraz de vaquero, puedes buscar algo *country* o música de banyo).

☞ **UNA PERCHA**

1 PREPARACIÓN

La coordinación impecable es la clave de este efecto. Si no os coordináis todos a la perfección, no habrá magia, así que tendréis que ensayar hasta conseguirlo. Los dos paneles están en los lados del escenario. La asistente «secreta» —que lleva el disfraz puesto— está desde el principio detrás del panel izquierdo. Los otros dos asistentes están de pie delante de cada panel, listos para arrastrarlos hasta el centro del escenario. Tú, el mago, todavía no has entrado en escena.

2 PRESENTACIÓN

Suena la música. Entra en escena llevando la percha con el disfraz colgando de ella. En este ejemplo será un disfraz de vaquero. Muéstralo, retira el sombrero un momento y luego vuelve a ponerlo en la percha.

LO QUE NO SE VE

3

Cuando estéis listos para que tu asistente aparezca, pide a los ayudantes que desplacen los paneles por el escenario de modo que se crucen justo en el lugar en el que estás tú. Decidid de antemano cuál de los paneles pasará por delante de ti y cuál por detrás.

LO QUE NO SE VE

4

Cuando los ayudantes desplacen los paneles, la asistente escondida camina en silencio y con cuidado detrás del panel, totalmente oculta para el público. Nadie la verá siempre y cuando se desplace muy pegada al panel y con pasitos cortos, rápidos y silenciosos. Los dos paneles y el mago son una gran distracción y atraerán poderosamente la atención del público.

LO QUE NO SE VE

5

En el momento en que los paneles se cruzan ocurren dos cosas: 1) Cuelgas en el gancho del dorso del panel la percha que tienes en las manos. 2) Al mismo tiempo, tu asistente disfrazada da un salto para situarse junto a ti. Procura que se coloque en el mismo lugar en el que estaba hace un momento el disfraz colgado de la percha.

6

Los ayudantes continúan deslizando los paneles hacia los extremos opuestos del escenario. No deben detenerse en ningún momento ni reducir la marcha mientras hacéis el cambio. Tiene que parecer que la asistente se materializa en el instante en el que los paneles se cruzan. A la velocidad adecuada, el resultado es asombroso.

GUÁRDAME EL SECRETO

Hay dos cosas a las que debes prestar mucha atención: el momento en el que se realiza el cambio, y que los ayudantes mantengan los paneles pegados al suelo. Si los levantaran, aunque fuera una pizca, el público vería unos pies que supuestamente no deberían estar ahí.

EL HUEVO MÁGICO

Muestras ambos lados de una pantallita que lleva impresos bonitos caracteres chinos. Haces un tubo con ella y cae de su interior ¡un huevo auténtico! Puede hacerse de cerca o en una sala llena de gente.

CÓMO FUNCIONA

EL HUEVO ESTÁ TODO EL TIEMPO DETRÁS DE LA PANTALLITA CHINA, COLGANDO DE UN HILO.

Necesitas

☞ **UNA PANTALLA**

Encontrar una pantalla china auténtica es difícil, pero puedes fabricártela con un mantelito que quizá tengas en casa. El mantelito habrá de ser muy flexible, de esos que están hechos con varillas de bambú muy finas, unidas entre sí con hilos. Toma prestado uno del comedor, pero no se te olvide avisar de que no lo vas a devolver. (Basta con decir a papá y mamá que este juego de magia te va a hacer muy, muy famoso. Lo entenderán).

☞ **PINTURA O ROTULADORES PERMANENTES (OPCIONAL)**

☞ **TIJERAS**

☞ **HILO**

Del mismo color que el huevo.

☞ **CINTA ADHESIVA TRANSPARENTE DE EMBALAR**

La cinta de embalar es la mejor, pues es mucho más fuerte que la cinta transparente normal.

☞ **UN HUEVO**

☞ **UN VASO DE VIDRIO TRANSPARENTE**

1 PREPARACIÓN

Como decoración, pinta caracteres chinos en ambas caras del mantelito. Yo prefiero usar los que significan «suerte» y «magia». Esto es opcional, pero la decoración ayuda a que los espectadores «vean» una pantalla misteriosa, y no un mantelito prestado.

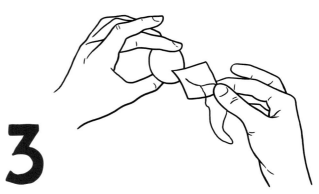

3

Pega el bucle de hilo a la base del huevo con cinta adhesiva. Procura que quede bien fijado.

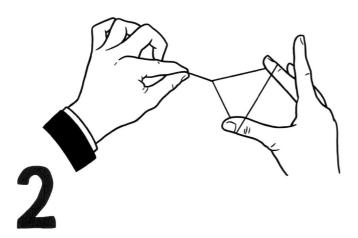

2

Ahora corta el hilo y hazle un nudo para formar un aro o bucle de 12,5 cm de diámetro.

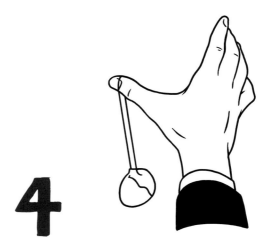

4

Ponte el bucle en el pulgar derecho para probar el artilugio: el huevo debe poder balancearse colgando del hilo sin peligro de caer.

LO QUE NO SE VE

5

Cuando te dispongas a hacer el juego, engánchate el bucle en el pulgar derecho y agarra la pantalla por uno de los extremos cortos. Puedes hacer esto dentro del maletín de magia o sin que lo vea el público.

6 PRESENTACIÓN

Cuando salgas ante el público tiene que parecer que llevas en la mano una pantalla y nada más.

LO QUE NO SE VE

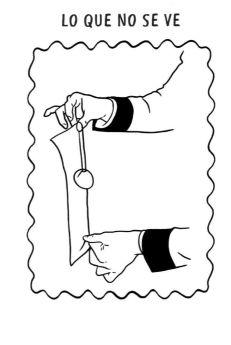

7

A continuación mostrarás que no tiene nada oculto por ningún lado mediante una antigua y astuta maniobra: agarra el extremo corto inferior de la pantalla con la mano izquierda.

LO QUE NO SE VE

8

Levanta ese extremo hacia fuera, en dirección al público, hasta que quede a ras del extremo superior. Sujeta ambos extremos con la mano derecha y mantén la pantalla así plegada.

LO QUE NO SE VE

9

Relaja la sujeción de la mano derecha para soltar el extremo exterior de la pantalla mientras mantienes sujeto el extremo interior. Es una bonita forma de mostrar la pantalla por ambos lados sin dejar ver el huevo que está colgando detrás. Repite esa maniobra (pasos 6 a 9) varias veces. Explica el significado de los caracteres chinos de cada cara de la pantalla al tiempo que los muestras.

10

Para la aparición del huevo, agarra el extremo inferior de la pantalla y recógelo hacia dentro, de modo que quede alineado con el extremo superior. Con cuidado, suelta el huevo del pulgar para que quede oculto dentro de la pantalla.

11

Explica: *De esta pantalla mágica se puede hacer aparecer cualquier cosa que se quiera. Ayudadme diciendo las palabras mágicas: ¡kikirikiiii!* Enrolla cuidadosamente la pantalla alrededor del huevo haciendo un tubo estrecho y pide al público que grite *¡kikirikiiii!* contigo.

12

Haz unos pases mágicos por encima del tubo y luego chasquea los dedos, dejando que el huevo salga cuidadosamente de él para caer en tu mano. Cuando lo hayas atrapado, sujétalo de forma que el hilo quede cubierto por los dedos. A muy poca distancia, el hilo no se notará.

13

Para demostrar que el huevo es real, deja a un lado el tubo, toma el vaso y casca el huevo en él. Deja caer también las cáscaras (junto con el bucle secreto) en el vaso, donde nadie podrá ver el hilo.

GUÁRDAME EL SECRETO

Hacer aparecer un huevo resulta asombroso porque el público sabe que los huevos son frágiles y que es imposible ocultar o manipular algo que puede romperse tan fácilmente. Si actúas en una sala con alfombra, o si no quieres usar un huevo, puedes emplear muchos otros objetos, desde una golosina de gran tamaño a un animalito de peluche.

LA TRUQUIMESA

Ya dominas tus efectos favoritos de este libro y resulta que te piden que actúes en una merienda en casa de tus vecinos. La cuestión es ¿con qué mesa trabajarás? Si te tomas en serio esto de hacer magia, vas a necesitar una mesa de mago.

Mi primera mesa mágica no era en realidad una mesa: era el viejo carrito del televisor de mi padre. Lo elegí porque tenía ruedas. Las ruedas resultaron muy prácticas para entrar y salir del escenario. Por la misma razón, un soporte para impresoras o un carrito para horno microondas también sirven. Cúbrelo con una tela muy colorida y usa un poco de velcro para colgar algún logotipo por delante. Ten tus objetos ordenados en las baldas inferiores hasta que tengas que utilizarlos. También deberías tener a mano un gran baúl o un cubo de plástico. Ahí es donde guardarás tus bártulos entre actuación y actuación. Todo tiene que estar en su sitio, y cuando termines cada efecto, podrás ir dejando el material en el cubo y proceder con el siguiente juego.

LA CAJA DE PANDORA

En este asombroso efecto de ilusionismo el mago hace que su asistente aparezca del interior de una caja vacía. Para presentar «La caja de Pandora» no se necesita más que un asistente, una caja grande y un poco de ensayo.

CÓMO FUNCIONA
TU ASISTENTE SALE A GATAS DE LA CAJA Y DESPUÉS VUELVE A ENTRAR, PERO DE MANERA QUE EL PÚBLICO NO LO VEA EN NINGÚN MOMENTO.

Necesitas

☞ UNA CAJA GRANDE (Y UN CÚTER O UNAS TIJERAS, CINTA AMERICANA, ROTULADORES Y UNA REGLA)

Tu asistente tiene que caber en la caja y poder entrar y salir de ella gateando, así que conviene que te ayude alguien de pequeña estatura (por ejemplo, tu hermano o tu hermana pequeña) o usar una caja grande.

☞ UN ASISTENTE

☞ MÚSICA ANIMADA

1 PREPARACIÓN

Pide a un adulto que te ayude a fabricar la caja. Corta las solapas y coloca la caja boca abajo sobre el suelo (queda, por tanto, abierta por abajo).

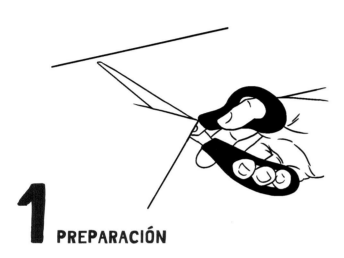

2

Recorta dos puertas en sendas caras opuestas de la caja, una que se abra hacia la izquierda y otra hacia la derecha. Hazlas tan grandes como puedas y que se abran a ras del suelo. Es conveniente que cada una ocupe casi un lado entero de la caja.

3

Es importante que las puertas se mantengan abiertas después de abrirlas. El cartón de algunas cajas es tan rígido que hace que se cierren solas como por resorte. (Si te pasa esto, recorta la puerta entera y pégala después a la caja con cinta americana). A la puerta que está en la parte de abajo del escenario, más cerca del público, la vamos a llamar «puerta delantera»; a la que está en la parte de arriba del escenario, más lejos del público, la vamos a llamar «puerta trasera».

4

Si quieres decorar la caja usa los rotuladores para pintar una especie de casita con dos puertas y un tejado, aunque también puedes presentar esta ilusión como si se tratara de una caja normal y corriente (porque en realidad así es).

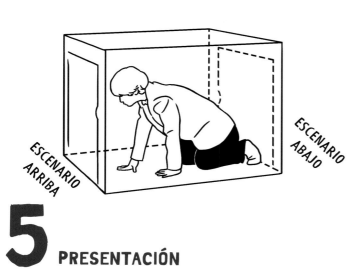

5 PRESENTACIÓN

Comienza con la caja colocada en el centro del escenario y con tu asistente escondido dentro. Tiene que ponerse mirando hacia la puerta que da a la parte de arriba del escenario, listo para salir gateando por ella en cuanto llegue el momento.

7

Abre primero la puerta trasera y asegúrate de que se quede abierta. El público verá la puerta por el lado derecho de la caja. Te servirá de pantalla secreta.

6

Sal al escenario cuando empiece la música y acércate a la caja. Sin levantarla, gírala para mostrarla por los cuatro lados y que el público vea la decoración y las dos puertas. Tu asistente debe mantenerse totalmente inmóvil.

LO QUE NO SE VE

8

Enseguida, tu asistente sale gateando de la caja y se esconde detrás de la puerta trasera.

9

Mientras tu asistente sale, camina despacio junto a la caja y, cuando se haya escondido, abre la puerta delantera.

10

Las dos puertas se ven abiertas, tu asistente se esconde detrás de la trasera y el público puede ver que la caja está vacía (¡por ahora!).

GUÁRDAME EL SECRETO

Esta ilusión puede presentarse de mil maneras. Decora la caja como si fuera una caseta para perros y preséntala explicando que estás triste porque tu perro se ha perdido. Cuando aparezca tu asistente, puede llevar en las manos un perrito de peluche, salir disfrazado de perro, o incluso llevar un perro de verdad (que no haga ruido). Si decoras la caja como una casa de muñecas, ¡puedes hacer que aparezca una «muñeca» de carne y hueso!

11

Cierra la puerta delantera y camina despacio rodeando la caja hasta la parte de atrás.

LO QUE NO SE VE

12

En cuanto la puerta delantera se cierre, tu asistente vuelve a entrar en la caja gateando. Mientras tanto, tú la rodeas para cerrar la puerta trasera.

13

Después de todos estos preliminares, da unas palmadas y levanta la caja rápidamente. En cuanto lo hagas, tu asistente tiene que ponerse de pie. (Si os coordináis bien dará la impresión de que se va materializando a medida que la caja asciende). Será como si hubiese aparecido de pie.

13

EL PULGAR DE GOMA

---❖---

Seguro que, como yo, tienes un tío que conoce un par de truquitos: simula arrancarte la nariz y finge que te la enseña metiendo el pulgar entre dos dedos, o finge que se arranca el pulgar. Cosas muy básicas. Aquí vas a aprender a estirarte el pulgar hasta tres veces su longitud normal. ¡**Lo último** en magia con los dedos!

CÓMO FUNCIONA

USAS LOS DOS PULGARES COMO SI FUERAN UNO SOLO. AL ALINEARLOS EN LA POSICIÓN CORRECTA PARECERÁ QUE TIENES UN SOLO PULGAR MUY LARGO.

☞ ¡DOS PULGARES!

1
PRESENTACIÓN

Asume la posición de partida mordiéndote con cuidado la punta del pulgar izquierdo.

2

Cierra la mano izquierda en puño y aprieta la yema del pulgar contra el dedo índice.

3

Cuando estés preparado para hacer que se estire el pulgar, envuelve el puño izquierdo con la mano derecha y coloca el pulgar derecho debajo del izquierdo y pegado a él.

4

Inhala e inclínate un poco hacia atrás; al exhalar e inclinarte hacia delante, haces el movimiento secreto.

5

Desliza el pulgar derecho entre los dientes a la vez que bajas el pulgar izquierdo y lo atrapas con el puño derecho. Mantén la yema del pulgar derecho cerca del índice derecho para que la posición de la mano derecha se asemeje a la que tenía la izquierda un instante antes.

6

Sigue bajando el puño izquierdo hasta que quede justo debajo del derecho, como si estuvieran apilados.

7

Separa los puños un poco, pero manteniendo el pulgar izquierdo dentro del puño derecho.

8

Sin interrupción, mueve ambos puños hacia abajo y estira por completo el pulgar derecho. En este instante parecerá que estás sujetando con las manos un pulgar muy, muy largo. Mantén esta posición un momento nada más.

9

Para completar la ilusión, vuelve a acercar las manos como si empujaras el pulgar hacia atrás contra los dientes. Al juntar los puños, vuelve a cambiar los pulgares y muerde de nuevo la punta del izquierdo. Deja caer la mano derecha al costado.

10

Termina dando un par de tirones al pulgar izquierdo, como si siguiera siendo elástico.

LA CAJA DESMONTABLE

Esta caja te permite hacer desaparecer objetos (un teléfono, una gorra, ¡los deberes del cole!) o transformarlos en otros. Puedes presentarla como un efecto independiente o como parte de otros (por ejemplo, en «Por la gorra», en la página 65) que veremos más adelante. Merece la pena que te la fabriques porque se va a convertir en uno de tus accesorios favoritos.

CÓMO FUNCIONA

LA CAJA TIENE UN COMPARTIMENTO SECRETO PARA OCULTAR COSAS.

Necesitas

☞ **DOS CAJAS GRANDES DE CEREALES**
Decora las cajas por todos los lados como más te guste.

☞ **UNAS TIJERAS**

☞ **CINTA ADHESIVA TRANSPARENTE**

☞ **CONFETI (OPCIONAL)**

1 PREPARACIÓN

Para fabricar el compartimento secreto con una de las cajas de cereales, despega las dos con cuidado y colócalas aplanadas sobre una mesa.

2

Aparta la caja que vayas a usar durante la actuación. Corta y retira uno de los dos paneles centrales de la otra caja y conserva el restante con las solapas laterales. Corta y retira la solapa inferior y recorta las dos de los lados en forma de triángulo como se ve en la ilustración.

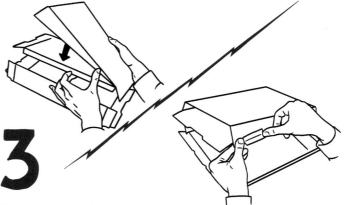

3

Pega con cinta adhesiva el panel que has recortado a la cara exterior del panel posterior de la segunda caja, creando así un compartimento capaz de contener aquello que quieras que desaparezca. Si es un objeto pequeño, como un teléfono móvil, fabrica un compartimento pequeño (de 1,5 cm de profundidad); si es algo más grande, como una gorra, dale entre 2,5 y 5 cm de profundidad.

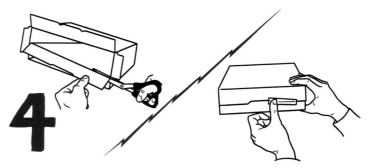

4

Vuelve a plegar la caja de manera que el compartimento quede albergado en su interior. (**Nota**: recorta las solapas de la caja original que sobresalgan para que no delaten el compartimento secreto). Pega un trocito de adhesivo transparente a una de las esquinas superiores para que la caja mantenga la forma hasta que la sacudas con un movimiento rápido. (Tendrás que reponer este adhesivo cada vez que presentes el efecto). Para una desaparición superchula, rellena la caja con unos puñados de confeti.

5 PRESENTACIÓN

Cuando estés listo para actuar, muestra con la mano derecha el objeto que quieras que desaparezca y sujeta la caja con la izquierda. Puede valer un zapato, una gorra o un juguete pequeño. Supongamos que quieres hacer que desaparezca un teléfono móvil.

LO QUE NO SE VE

6

Simula meter el teléfono en la caja pero introdúcelo realmente en el compartimento secreto.

7

Cuando llegue el momento de hacer que el teléfono desaparezca, sacude la caja de manera que el panel frontal se separe y se despliegue completamente. El confeti caerá por el suelo. *¡Tachán!* ¡El teléfono ha desaparecido!

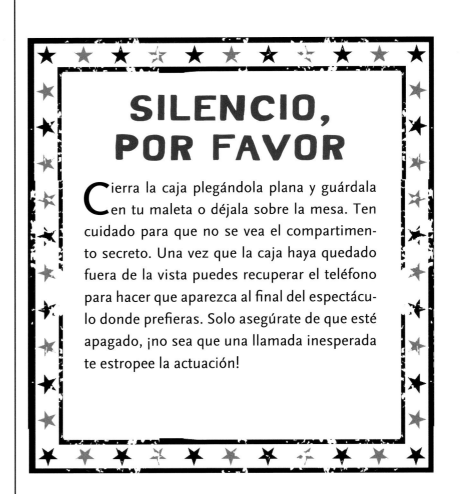

SILENCIO, POR FAVOR

Cierra la caja plegándola plana y guárdala en tu maleta o déjala sobre la mesa. Ten cuidado para que no se vea el compartimento secreto. Una vez que la caja haya quedado fuera de la vista puedes recuperar el teléfono para hacer que aparezca al final del espectáculo donde prefieras. Solo asegúrate de que esté apagado, ¡no sea que una llamada inesperada te estropee la actuación!

POR LA GORRA

¡**H**aces que una gorra aparezca sobre la cabeza de un voluntario! Este efecto es especial porque el público «verá» cómo haces que la gorra aparezca sobre la cabeza de la participante, pero ella no tendrá ni la más remota idea. Lo más gracioso es su reacción cuando se dé cuenta de que la gorra ha aparecido sobre su cabeza sin que lo haya notado. Todo el mundo se divierte, aunque por motivos distintos.

CÓMO FUNCIONA
PARA HACER QUE LA GORRA DESAPAREZCA USARÁS EL EFECTO DE LA CAJA DESMONTABLE (PÁGINA 62). PARA HACER QUE REAPAREZCA SOBRE LA CABEZA DE TU AYUDANTE, USARÁS UNA SEGUNDA GORRA IDÉNTICA.

Necesitas

☞ **DOS GORRAS IDÉNTICAS**
La verdad es que puedes usar cualquier tipo de gorra, incluso sombreros de papel, siempre y cuando el borde sea lo bastante rígido como para que se mantenga abierta sin tu ayuda (un gorro de esquí, por ejemplo, no valdría).

☞ **UNA CAJA DESMONTABLE**
Utiliza la que te habrás fabricado según las instrucciones de la página 62.

☞ **CINTA ADHESIVA TRANSPARENTE**

☞ **CONFETI**

1 PREPARACIÓN

Deja una gorra a la vista, por ejemplo encima de la mesa, y esconde la otra con el resto de tus accesorios o en el bolsillo de atrás del pantalón. Coloca la caja desmontable sobre la mesa (montada y cerrada con el adhesivo) con un par de puñados de confeti dentro.

2 PRESENTACIÓN

Pide a una voluntaria que te ayude en el escenario. Asegúrate de que mire hacia el frente todo el tiempo o el efecto no funcionará. Toma la gorra de la mesa y enséñala a todos, también a tu ayudante.

Colócale la gorra sobre la cabeza pero al revés, de modo que la visera quede hacia atrás y ella no la pueda ver. La ilusión será mejor si la gorra le queda holgada. Explica: *Dentro de un momento haré que esta gorra aparezca y que reaparezca de forma sorprendente. Esta ilusión es solo para* (aquí dices el nombre de la participante), *así que no se la estropeéis, por favor.* Guiña un ojo al público y adviérteles que no deben gritarle nada.

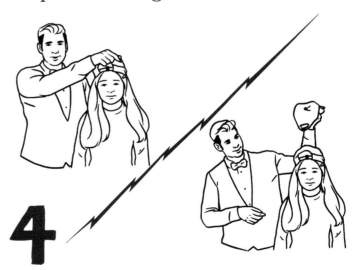

4

Colócate detrás de tu voluntaria y saca en secreto la segunda gorra. Sujétala por arriba y pósala encima de la que ella lleva sobre la cabeza. Aprieta hacia abajo durante un instante y retira la segunda gorra dejando la otra sobre su cabeza.

5

Entrégale la segunda gorra pidiéndole que la sujete con las dos manos, así no podrá palparse la cabeza y no se dará cuenta de que lleva otra puesta. Están pasando muchas cosas a la vez: ella «sentirá» que le has quitado la gorra, aunque en realidad solo lo has simulado; por increíble que parezca, no sentirá la que lleva sobre la cabeza y pensará que la que le estás entregando es la que ha sentido que le acabas de quitar.

6

El público ve otra cosa. Todos ven las dos gorras y que tu ayudante sigue llevando una. ¡Pero también verán que ella no tiene ni idea de que aún la lleva puesta! Habrá quien se ría, así que vuelve a recordar que no deben dar pistas a la participante.

ADAPTACIÓN SENSORIAL

Muchos efectos de magia no son más que ciencia disfrazada. Este efecto funciona gracias a un principio que los científicos llaman «adaptación sensorial». La idea es que el cerebro «siente» las cosas solo durante unos segundos. Después el cuerpo se adapta a lo que estés tocando o sintiendo y deja de sentirlo. Por ejemplo, si pones una mano encima de una mesa, sentirás el tacto frío de su superficie contra la palma. Pero si te quedas quieto, al cabo de pocos segundos dejarás de sentir la mesa. Con la vista seguirás viendo que tienes la mano apoyada contra su superficie, pero la mesa se habrá vuelto «lo normal», y ya no sentirás el contacto entre ella y tu mano.

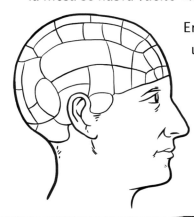

En «Por la gorra» tu ayudante siente que le pones la gorra en la cabeza. Pero luego, al cabo de unos instantes, se activa la adaptación sensorial y la sensación de la gorra se vuelve normal, por lo cual dejará de sentirla sobre la cabeza. Simplemente sabrá que está ahí. Por eso cuando le quitas una gorra y engañas a su sentido de la vista mostrándole la que supuestamente le acabas de quitar, tu ayudante no se dará cuenta de que todavía lleva una puesta.

7

Toma de nuevo la segunda gorra y colócala en el compartimento secreto de la caja. (Asegúrate bien de que la participante sigue mirando lo que haces). Haz unos pases mágicos con la mano por encima de la caja y acto seguido despliégala para mostrar que está vacía. ¡El confeti cae y la gorra ha desaparecido!

8

Explica a tu ayudante: *Y ahora voy a hacer que la gorra aparezca donde menos te lo esperas… ¡encima de tu cabeza!* Deja que se lleve las manos a la cabeza y descubra que lleva puesta la misma gorra que te acaba de ver meter en la caja hace un momento. Habrás hecho que reaparezca en su cabeza sin que ella lo notara. El público quedará sorprendido por la desaparición de la gorra, y aunque todos sabrán cómo la has hecho aparecer en la cabeza de tu voluntaria, su reacción resultará muy divertida.

GUÁRDAME EL SECRETO

Estos efectos dependen completamente de cómo reaccione el participante, por eso es importante elegir a una persona divertida, que siga tus instrucciones y que tenga la confianza suficiente para actuar con naturalidad en un escenario delante de un montón de gente. Dicho de otro modo: elige a alguien que esté queriendo salir a ayudarte. La mejor forma de hacerlo es decir *Necesito un voluntario para el siguiente efecto. Los que queráis ayudarme, levantad la mano.* Solo la levantarán los niños que quieran salir. Ten en cuenta que los niños que sigan sentados y que levanten la mano con educación probablemente seguirán tus instrucciones mejor que los que se pongan en pie de un salto y empiecen a pedirte a gritos que los elijas.

ORNA–MENTAL

Como te gustaría dar un toque mágico a la cena navideña que ha organizado tu familia, te ofreces a presentar un milagro apropiado para la ocasión: pídeles que elijan a una persona para escoger un adorno del árbol de Navidad mientras tú esperas fuera de la sala. Cuando vuelves a entrar, ¡señalas el adorno elegido e identificas a la persona que lo escogió!

Una de las mejores características de la magia es que acerca a las personas y les regala recuerdos divertidos. Cuando estés de vacaciones de Navidad con tu familia tendrás ocasión de crear un momento memorable del que todos seguirán hablando años después.

CÓMO FUNCIONA

TE VALES DE UN CÓDIGO SECRETO Y LA AYUDA DE UN ASISTENTE QUE TE INDICA SIN DECIR UNA PALABRA QUÉ ADORNO SE HA ESCOGIDO.

Necesitas

☞ **UN ASISTENTE SECRETO**

Necesitas encontrar a una persona que te quiera ayudar en secreto. Tiene que ser alguien de confianza porque, aunque la magia la presentes tú, será tu ayudante el que haga la mayor parte del trabajo. Tus padres pueden ser los colaboradores perfectos.

☞ **UN ÁRBOL DE NAVIDAD CON ADORNOS**

Lo bueno es que vale cualquier árbol de Navidad que tenga muchos adornos distintos. Como vas a pedir al público que cambie adornos de unas ramas a otras, pregunta siempre al dueño del árbol si le importa que otras personas lo toquen. Dentro de tu propia familia no suele haber inconveniente, pero siempre conviene preguntar.

1 PREPARACIÓN

Ponte de acuerdo con tu ayudante para usar estos dos códigos secretos: un adorno que será vuestra «clave» (por ejemplo, el Osito de la Navidad) y una segunda pista que será imitar a alguien de la sala.

2 PRESENTACIÓN

Explica: *Voy a mostraros un misterio navideño. Casi siempre suelo pedir a la gente que escoja una carta, pero como hoy es Navidad y no he traído la baraja, he pensado que voy a utilizar este árbol de Navidad. Voy a pedir a una persona que escoja, en lugar de una carta, un adorno cualquiera. Y lo vamos a hacer así: yo me voy a marchar. Cuando no esté, quiero que entre todos escojáis a una persona. Puede ser cualquiera. Me gustaría que esa persona se acercase al árbol, tomara uno de los adornos, lo mostrase a los demás, y lo colocase en una rama distinta. Y que todos recordasen el adorno elegido.*

3

Continúa: *Luego quiero que todos ¡mezcléis los adornos! Acercaos y pasad los adornos de una rama a otra y, cuando hayáis terminado, mandad a alguien a buscarme. Cuando regrese no se os ocurra decirme qué adorno resultó elegido ni quién lo eligió.* Sal de la sala y espera a que tu familia y amigos hayan completado las instrucciones que les has dado y a que alguien venga a buscarte.

4

Cuando vuelvas a entrar en la sala, examina el árbol con atención, mirándolo de arriba abajo, y escoge el adorno elegido… ¡El aplauso será mayúsculo! Lo que ocurre realmente es que tu asistente te habrá comunicado mediante el código acordado qué adorno fue elegido.

5

Tu asistente —que también ayudó al resto de la familia a mezclar los adornos del

árbol— habrá colocado vuestro adorno clave justo al lado del elegido. Así que, cuando mires el árbol, busca el Osito de la Navidad y sabrás que el adorno que está justo a su lado fue el elegido. En la ilustración, la elegida fue la estrella.

6

Tu asistente también se habrá fijado en la postura que tiene la persona que lo escogió y la estará imitando. Por ejemplo, si la persona tiene las manos en los bolsillos y está balanceándose de lado a lado, tu asistente también tendrá las manos en los bolsillos y se balanceará. Si la persona se rasca la espalda, tu asistente se la rascará unos segundos después. Tú mira a todos como si te costase averiguar la identidad de la persona. En el ejemplo de la ilustración, tu ayudante secreto está en el lado derecho con la mano apoyada en la cadera. Te bastará ver su postura para encontrar fácilmente quién tiene la misma. En la ilustración es la mujer que lleva botas.

7

Cuando hayas averiguado la identidad de la persona, vuelve a mirar al público

y anuncia: *No solo he acertado el adorno, sino que creo que ¡la tía Paloma fue la que lo eligió!* Tu familia no saldrá del asombro.

DE PATOS Y MAGOS

Si miras a un pato en un estanque te parecerá que se mueve grácilmente y sin esfuerzo, pero por debajo del agua estará nadando sin parar. Los magos son como los patos. Si miras la actuación todo parece fácil y natural pero, como ya sabes, los magos no paran de hacer cosas en secreto.

La tarea del mago es hacer que lo difícil parezca fácil, pero en Orna-mental tendrás que emplearte a fondo para hacer que este efecto tan fácil parezca difícil. No entres en la sala y señales el adorno elegido sin más. Mira el árbol de arriba abajo y haz algún comentario del tipo: *Ummm... Si el abuelo lo hubiera escogido, creo que habría querido ese adorno azul porque es su color favorito. Pero este de aquí es el más bonito de todos, así que quizá sea el elegido. Pero, claro, como es tan obvio a lo mejor nadie quiso elegirlo.* Si logras que piensen que estás intentando adivinar, después, cuando te gires para revelar el nombre de la persona que escogió el adorno, todos quedarán aún más impresionados.

EL CUADERNO DE LOS SECRETOS

Muestras las páginas de un misterioso cuaderno lleno de dibujos que has hecho con tinta negra. De repente, en un abrir y cerrar de ojos, haces que todos los dibujos aparezcan coloreados.

CÓMO FUNCIONA

FABRICAS UN CUADERNO ESPECIAL QUE TIENE LAS PÁGINAS RECORTADAS. SEGÚN LO HOJEES, SE VERÁN LOS DIBUJOS EN BLANCO Y NEGRO O EN COLOR.

Necesitas

☞ **UN CUADERNO**
Casi cualquier cuaderno valdrá para este efecto, aunque los de papel blanco y sin renglones son los mejores. Solo necesitas veinte páginas, así que cuenta veinticinco y arranca el resto (las cinco extra son por si algún dibujo te sale mal).

☞ **UN BOLÍGRAFO NEGRO**
☞ **TIJERAS**
☞ **ROTULADORES DE COLORES**

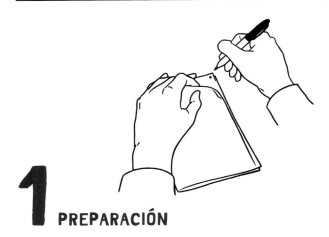

1 PREPARACIÓN

Para empezar, abre el cuaderno y marca alternativamente las páginas con el bolígrafo dibujando un puntito en la esquina superior derecha. Por ejemplo, pasa la primera página y marca la segunda con un puntito; pasa la tercera y marca la cuarta; salta la quinta y marca la sexta, y así hasta el final.

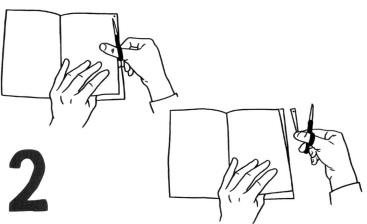

2

Recorta cada página marcada con un corte inclinado para quitar el puntito. Basta con que cortes medio centímetro de cada esquina marcada. Coloca las tijeras más o menos por la mitad de la página y haz un corte inclinado como se ve en la ilustración. Repite esta preparación en todas las páginas marcadas.

3

Ahora recorta de forma parecida todas las páginas no marcadas, esta vez quitando alternativamente medio centímetro de la esquina inferior derecha de cada página impar desde la primera.

4

Aunque te cueste creerlo, ya has trucado el cuaderno. No lo puedes ver bien porque aún no has añadido los dibujos. Y aquí viene lo divertido. Empezando en la primera página, haz dibujos en blanco y negro en cada página impar. Animales, casas, coches, estrellas, ¡lo que te apetezca! Diviértete y recréate en los detalles. Solo asegúrate de dibujar únicamente en las páginas impares, dejando en blanco las pares. (**Nota**: ten cuidado de que la tinta no cale y manche la página contigua).

5

A continuación, vuelve al principio y haz dibujos de colores en cada una de las páginas pares. Si quieres ser preciso, intenta duplicar los dibujos de las páginas impares, pero con color. (Si hiciste una jirafa en la primera página, dibuja otra con colores en la segunda; si dibujaste una casa en la quinta página, dibuja otra igual con colores en la sexta). Ve despacio para colorear bien los dibujos.

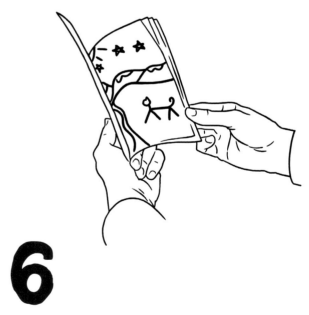

6

Para probar que tu cuaderno funciona, hojéalo pasando las páginas con el pulgar derecho por la esquina inferior derecha. Deberías ver solo dibujos en blanco y negro de principio a fin.

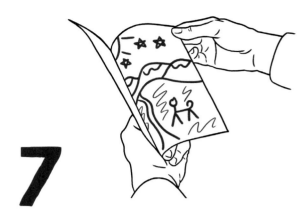

7

Hojéalo una segunda vez, ahora pasando las páginas desde la esquina superior derecha. ¡Parecerá que las hojas se han llenado de color por arte de magia!

8

Ensaya la acción de pasar las hojas sujetando el cuaderno a la altura del pecho. Lo mejor es practicarlo delante de un espejo. Hojéalo por la esquina superior o inferior según corresponda.

9

PRESENTACIÓN

Empieza mostrando el cuaderno al público.

10

Hojéalo por la esquina inferior derecha diciendo: *Me encanta dibujar, y en este cuaderno he puesto mis mejores ideas. Estos dibujos representan cosas que me gustan o sobre las que estoy pensando. Lo malo es que no me ha dado tiempo a colorearlos. ¿Me ayudáis?*

12

Señala a alguien de la primera fila y di: *¡Qué bien! ¡Ahí veo un poco de verde!* Luego señala a otra persona: *Y veo que tú tienes un poco de amarillo en la mano. Estupendo.* Invita a que todos lancen hacia el cuaderno los colores que imaginen.

11

Continúa: *Voy a atrapar algunos de los colores que están flotando en el aire.* Levanta una mano y simula atrapar colores del aire. *Aquí hay un puñado de rojo.*

13

Vuelve a hojear el cuaderno dramáticamente, esta vez desde la esquina superior derecha. ¡Los colores han llenado todas las páginas!

GUÁRDAME EL SECRETO

Hojea el cuaderno despacio. Incluso los magos profesionales lo hacen demasiado deprisa. Puedes detenerte en cada página durante unos segundos para que el público pueda ver el dibujo. Después, cuando vean los dibujos coloreados, reconocerán los mismos motivos que vieron antes en blanco y negro, lo cual refuerza la ilusión.

POR LAS RAMAS

Enseñas varias páginas de un periódico y las enrollas en forma de tubo. Al cabo de unos segundos ¡haces que aparezca de ellas un árbol de papel más alto que tú!

CÓMO FUNCIONA

EL ÁRBOL DE PAPEL DE PERIÓDICO ES UN EFECTO MUY ANTIGUO EN EL CUAL RASGAS Y DESPLIEGAS UN PERIÓDICO DÁNDOLE FORMA DE TUBO MUY LARGO. SI PREPARAS EN SECRETO EL PERIÓDICO ANTES DE ACTUAR, PARECERÁ QUE PUEDES HACER ESTE EFECTO DE MANERA IMPROVISADA.

Necesitas

☞ **UN PERIÓDICO**
Solo necesitas hojas sencillas, y que no sean de las que van dobladas por el medio. Cuanto más pequeño el periódico, mejor, aunque siempre lo puedes recortar para darle el tamaño adecuado.

☞ **DOS GOMAS**
☞ **TIJERAS**
☞ **CINTA ADHESIVA**

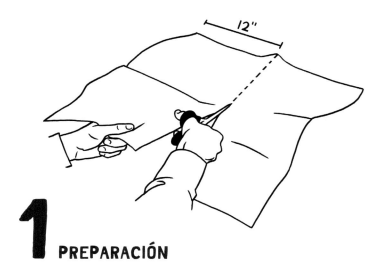

1 PREPARACIÓN

Primero, prepara el periódico para el árbol (esta parte la vas a pegar después a un periódico que podrás mostrar al público). Empieza poniendo sobre la mesa siete u ocho hojas de periódico. Conviene que midan unos 25 cm de ancho, así que recórtalas para darles las dimensiones adecuadas.

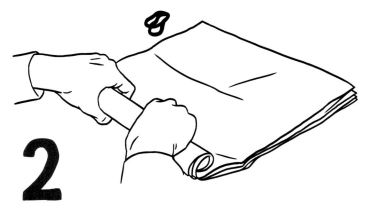

2

Enrolla la pila de hojas para hacer un tubo.

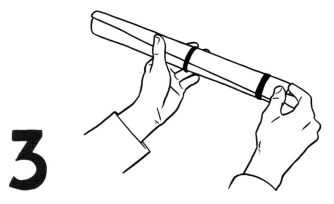

3

Mantén el tubo bien prieto y coloca una goma cerca del extremo inferior y otra en el centro.

4

Con las tijeras, practica con cuidado tres cortes desde el extremo superior hasta más o menos la mitad del tubo. Ya estás listo. (Cuando abras hacia fuera los tres cortes que acabas de dar —todavía no lo hagas— harás aparecer las «hojas» del árbol. Cuando saques hacia fuera el centro del tubo ¡verás crecer el árbol ante tus propios ojos!)

5

Coloca el tubo en posición horizontal en el centro de una hoja de periódico entera. No hace falta que lo pegues muy cuidadosamente con cinta adhesiva porque nadie va a ver esta parte; solo asegúrate de poner el adhesivo entre las dos gomas (no en la parte recortada) y de que todo quede bien fijado. Pon un par de hojas más encima de esta que has preparado y ya estás listo para actuar.

LO QUE NO SE VE

6 PRESENTACIÓN

Muestra las hojas de periódico con la mano izquierda, con cuidado de que no se vea la parte de atrás (donde está escondido el tubo).

7

Enseña las hojas individualmente, por delante y por detrás, pero no muestres el dorso de la que está preparada.

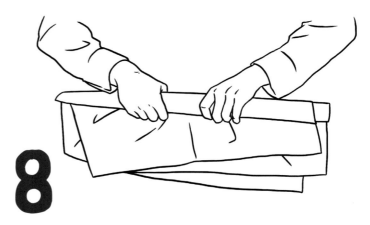

8

Vuelve a apilar las hojas y enróllalas formando un tubo bien apretado.

GUÁRDAME EL SECRETO

Cuando enrolles el periódico y le pongas las gomas, prueba a apretarlo más o menos. Si lo aprietas mucho, te costará más sacar el árbol, pero será más robusto. Si lo aprietas muy poco el árbol quedará muy endeble, pero puedes sujetar el tubo manteniendo el centro por encima de la otra mano y dejar que la parte de abajo del árbol vaya cayendo hacia el suelo, creando así la escultura a medida que desciende.

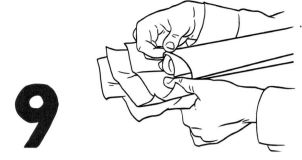

9

Explica: *Los periódicos están hechos de papel, y el papel viene de los árboles. Me gustaría hacer que este periódico volviese a ser un árbol.* No hace falta que digas más. A la vez que hablas, rasga el tubo de periódico por la parte del extremo más cercana al lado que cortaste del tubo preparado.

10

Una a una, pela hacia abajo las tres secciones del árbol de papel que habías preparado. Al hacerlo, comenta: *Todos los árboles empiezan siendo pequeños, como este.*

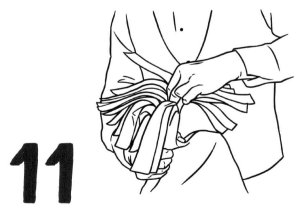

11

Introduce dos dedos en el centro del árbol y agarra el tubo con la otra mano.

12

Separa mucho las manos para extender las hojas del tubo de periódico, retorciéndolo al mismo tiempo. No tires de las hojas con demasiada fuerza porque podrías arrancarlas.

13

Cuando acabes te debería quedar un árbol de papel de periódico bastante robusto.

EL ZUMO VIAJERO

Enseñas un sombrero de copa vacío, un vaso de zumo y una bolsa de papel vacía. A continuación sucede algo increíble: ¡haces que el zumo viaje invisiblemente desde la bolsa de papel al sombrero de copa!

UTILIZAS UN SEGUNDO VASO QUE EL PÚBLICO NO VE.

Necesitas

☞ **DOS VASOS DE PAPEL**
Usa dos vasos que puedas apilar uno dentro de otro. De un vistazo no debería verse que son dos vasos juntos, sino que tiene que parecer que son solo uno. No utilices vasos de plástico transparente ni de poliestireno.

☞ **UNA BOLSA DE PAPEL PEQUEÑA**

☞ **UN SOMBRERO DE COPA**
Uno de copa es ideal, pero también puedes decorar una caja de pañuelos de papel vacía y usarla, o quizá incluso un sombrero de vaquero de tu padre. (Nota: para esto último tu padre tendría que ser vaquero).

☞ **UNA BOTELLA DE ZUMO**
Otra opción es emplear una lata de refresco (a mí de pequeño no me dejaban tomarlos, así que usaba zumos).

1 PREPARACIÓN

Coloca los vasos, la bolsa de papel, el sombrero y el zumo sobre la mesa.

2 PRESENTACIÓN

Muestra el sombrero y deja que lo examinen. Haz lo mismo con la bolsa de papel. A continuación, presenta los vasos encajados como si fueran uno solo. Si los manejas como uno y tienes cuidado de que no se separen, nadie dudará.

3

Mete el vaso dentro del sombrero (un poco hacia un lado) y explica: *Los magos llevan sombreros como este porque les ayuda en su magia. A continuación voy a hacer que este vaso aparezca dentro de este sombrero, así. Pero para que sea más difícil, primero voy a llenarlo de zumo.*

LO QUE NO SE VE

4

Mete una mano en el sombrero y desencaja con cuidado los vasos. Levanta el vaso interior y muéstralo un instante.

LO QUE NO SE VE

5

Vuelve a introducir en el sombrero el vaso que sujetas, pero déjalo al lado del otro. El público no puede ver el interior del sombrero, así que nadie sabrá que tienes dos vasos.

LO QUE NO SE VE

6

Vierte el zumo de la botella en uno de los vasos. Hazlo con cuidado y no tendrás que ponerte después un sombrero mojado. Abre la bolsa de papel y colócala sobre una mesa al otro lado del escenario.

7

Saca del sombrero el vaso vacío sujetándolo como si estuviese lleno.

8

Puedes fingir incluso que bebes un sorbo.

9

Introduce el vaso vacío en la bolsa. Hazlo con cuidado, despacio, y delicadamente. Simula que está lleno de zumo.

10

Sujeta la bolsa con cuidado y haz un pase mágico sobre ella. Anuncia que vas a hacer que el zumo y el vaso desaparezcan.

11

Acto seguido, junta las manos rápidamente para estrujar la bolsa y el vaso que lleva dentro.

12

Haz una bola bien apretada y lánzala hacia atrás por encima del hombro. ¡El vaso de zumo ha desaparecido!

13

El zumo no se ha ido muy lejos, di con una sonrisa. Acércate al sombrero de copa, mete la mano en él y saca el vaso lleno de zumo.

14

Brinda a la salud del público…

15

…y regálate un merecido trago.

GUÁRDAME EL SECRETO

Los mejores magos se adaptan al entorno. No siempre tendrás tiempo para preparar efectos como este, pero no pasa nada. Simplemente *adáptate*, porque puedes presentar este efecto en cualquier parte casi de forma improvisada. Por ejemplo, imagina que quieres presentar El zumo viajero en un almuerzo campestre. Lo normal es que haya vasos de papel, así que por ese lado no hay problema. En lugar del sombrero de copa puedes usar una cesta de comida, y en vez de la bolsa de papel, una bolsa de plástico del supermercado.

Adelaide Hermann:
LA SUPERESTRELLA DE LA MAGIA

A LO LARGO DE LA HISTORIA han existido muchas magas extraordinarias, pero Adelaide Hermann es mi favorita. Adelaide comenzó su carrera como bailarina. Después se casó con el mago Alexander Hermann, famoso en el mundo entero. Partió de gira con su marido, El Gran Hermann, por los teatros más famosos de Europa y de los Estados Unidos. En 1896, cuando murió Alexander, se fue de gira con su sobrino, Leon Hermann. Y luego ocurrió algo bastante insólito para una mujer en aquella época: la maga famosa pasó a ser ella.

Adelaide aprendió muchos efectos muy difíciles que su marido había representado, y hasta incluyó en su espectáculo algunas ilusiones originales. Fue la primera superestrella femenina de la magia y sigue siendo un modelo para muchas de las excelentes magas de la actualidad.

20

EL JUEGO DE LAS ESPONJAS

Muestras dos esponjitas y entregas una a tu ayudante. Haces que la tuya desaparezca de tu bolsillo y reaparezca junto a la otra ¡dentro de la mano de tu ayudante!

CÓMO FUNCIONA

USAS UNA TERCERA ESPONJITA. COMO LAS ESPONJAS SE PUEDEN COMPRIMIR MUCHO, TU AYUDANTE NO PODRÁ DISTINGUIR SI TIENE EN LA MANO UNA O DOS.

Necesitas

☞ UN PANTALÓN CON DOS BOLSILLOS DELANTEROS

☞ UNA TOALLITA DE PAPEL BLANCO

☞ TIJERAS

☞ TRES ESPONJITAS

Las mejores para este efecto son las esponjitas planas con las que suelen acolcharse las cajas antes de enviar un paquete. (En un apuro, podrías utilizar tres trozos de papel de cocina). El tamaño de las esponjitas depende del de tus manos, pero procura que cada una sea más o menos del tamaño de una nariz de payaso.

1 PREPARACIÓN

Lo primero es dar la vuelta al bolsillo derecho del pantalón, como si quisieras enseñar a alguien que está vacío. La tela del forro del bolsillo tiene que ser blanca, y normalmente lo es. Junta las cuatro esquinas de la toallita de papel blanco y métetela en el bolsillo introduciendo las esquinas primero. Si ahora metes la mano en el bolsillo y tiras del centro de la toallita, parecerá que has dado la vuelta al bolsillo, como antes.

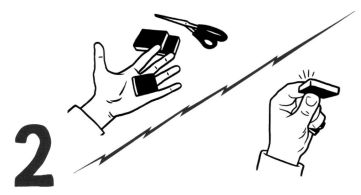

2

Oculta una esponjita en la mano izquierda cerrándola y apretando. Después, estira el pulgar y el índice de esta mano y sujeta con ellos la segunda esponja. Parecerá que en la mano solo tienes la esponja que enseñas. Nadie sospechará que en el puño escondes otra.

3

Ahora tienes que hacer que las dos manos tengan la misma postura. Para ello, cierra la derecha en puño y sujeta la tercera esponja entre el pulgar y el índice. Ya estás listo para actuar.

GUÁRDAME EL SECRETO

Si quieres prepararte para este efecto mientras tienes gente mirándote, guarda las esponjitas en el bolsillo izquierdo. Cuando metas la mano en su interior, justo antes de empezar, guárdate una de ellas dentro de la mano y saca las otras dos sujetándolas entre el dedo índice y el pulgar. Pasa una a la mano derecha y estarás listo para hacer magia.

4 PRESENTACIÓN

He traído un par de esponjitas. Después de cenar, a mi hermano y a mí nos hacen limpiar las mesas con ellas. A veces yo hago magia y él tiene que trabajar el doble. ¿Queréis verlo? Todos querrán. Explica que las dos esponjitas que tienes en las manos son la tuya y la de tu hermano. Pide al participante que extienda la mano palma arriba y pregúntale: *¿Me haces el favor de quedarte con la esponjita de mi hermano?* Mete en el puño la esponjita que sujetas entre el pulgar y el índice izquierdos y aprieta para juntarla con la que ya tenías escondida. (No importa si alguien ve el interior del puño en este momento. Si ven la esponja, creerán que es la que estabas mostrando hace un segundo). Sujeta juntas las dos esponjitas como si fuesen una y colócalas sobre la palma de la mano del participante. Pídele que cierre la mano con fuerza.

5

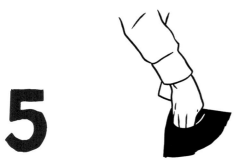

Ahora solo tengo que hacer que mi esponjita desaparezca. Guarda en el bolsillo derecho la esponjita que sujetas con la mano derecha y empújala hasta el fondo, pasada la toallita de papel. Saca la mano y muéstrala vacía diciendo: *Voy a hacer que desaparezca del bolsillo, ¡así!*

6

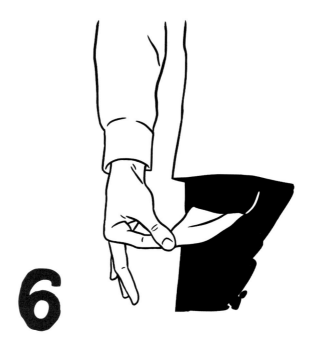

Vuelve a meter la mano en el bolsillo y saca la toallita de papel más o menos hasta la mitad para mostrar que el bolsillo está vacío.

7

Continúa: *Y ahora solo tengo que hacer que la esponjita aparezca en la mano de mi hermano... ¡o en la tuya!* Pide al participante que abra la mano y descubrirá que tiene dos esponjitas.

El tamaño
NO LO ES TODO

«LOS NIÑOS NO PUEDEN HACER MAGIA», decían mis amigos. «Son muy pequeños todavía. Además, sus manos son muy pequeñas». A lo mejor a ti mismo, a medida que leías este libro, te han asaltado dudas acerca de tu estatura. Pues te voy hablar de Matthew Buchinger, porque si piensas que hacer magia con unas manos pequeñas es difícil, piensa cómo sería hacerla... ¡SIN MANOS!

Matthew Buchinger nació en Alemania en 1674, y nació sin brazos ni piernas. En vez de brazos tenía dos muñoncitos. A pesar de ello, Matthew Buchinger era capaz de presentar el famoso Juego de los Cubiletes, uno de los más difíciles que existen en la magia. También hacía juegos de cartas para las personas más importantes de su época.

Por sorprendente que parezca, Matthew Buchinger no solo hacía magia. También tocaba seis instrumentos, escribía poemas, construía barquitos dentro de botellas de cristal, y tenía tal talento para la caligrafía que escribía versos en los cabellos de los personajes que retrataba.

Matthew Buchinger es la prueba de que cualquiera que se esfuerce puede llegar a ser un gran mago, sea cual sea su estatura.

21

CARAMELÍN, CARAMELÓN

Eres capaz de acertar dónde está escondido un caramelo… ¡aunque llevas una venda en los ojos! Este efecto es ideal para presentarlo en la casa de tus amigos o cuando quieras asombrar a los colegas de tus padres. ¡También es uno de esos pocos efectos que se pueden repetir!

CÓMO FUNCIONA

SABES CÓMO ESTÁ COLOCADA CADA TAZA SOBRE LA MESA. CUANDO EL PARTICIPANTE ESCONDE EL OBJETO DEBAJO DE UNA DE LAS TAZAS, SABRÁS CUÁL DE ELLAS HA LEVANTADO PORQUE QUEDARÁ EN UNA POSICIÓN LIGERAMENTE DISTINTA A LA QUE TENÍA AL PRINCIPIO.

Necesitas

☞ **TRES O MÁS TAZAS**

Usa lo que haya a mano. Si no puedes encontrar tres, usa una taza normal, una tacita de café y un cuenco. Es importante que no sean transparentes.

☞ **CARAMELOS**

Solo necesitas un objeto pequeño, así que si no encuentras un caramelo, hazlo con un chicle, una moneda u otra cosa pequeña.

☞ **UNA VENDA (OPCIONAL)**

Esto no es obligatorio pero queda muy bien si actúas en una situación formal. Si presentas el efecto de manera improvisada, bastará que pidas a alguien que te tape los ojos con las manos o que salgas de la habitación donde van a esconder el caramelo.

☞ **UN ROTULADOR**

1 PREPARACIÓN

Coloca las tazas boca abajo sobre una mesa. Sepáralas todo lo que puedas para que entre ellas haya mucho espacio. (También puedes poner tres tazas sobre la mesa de la cocina, una cerca del fregadero, y otra cerca del televisor). **Nota:** Si presentas este efecto en un escenario, usa tres mesitas (una en el centro, una a la derecha y otra a la izquierda) y coloca una taza encima de cada una. Conviene separar las tazas mucho para que el participante no toque ni mueva más de una.

2 PRESENTACIÓN

Para hacer este efecto tienes que poder reconocer exactamente cómo has colocado cada una de las tazas sobre la mesa. Hay varias formas de lograrlo. Usar tazas es lo mejor porque el asa te sirve como indicador. Por ejemplo, yo siempre las coloco de forma que el asa señale hacia alguna marca de la mesa que sea fácil de encontrar, como un arañazo o un nudo en la madera. Si hay un periódico sobre la mesa, coloca el asa de manera que apunte hacia una foto o un titular que recuerdes. En cualquier caso, no orientes todas las asas de la misma manera. **Nota:** Si actúas sobre un escenario puedes ponerte las cosas más fáciles. Pinta un puntito en el borde de la taza y otro sobre la mesa, como muestra la ilustración. Antes de empezar, simplemente alinea los dos puntos.

GUÁRDAME EL SECRETO

Habrá participantes que no hagan caso de tus instrucciones y no escondan el caramelo debajo de ninguna taza (esto suele pasar si presentas el efecto más de dos veces seguidas). Así que si observas que todas las tazas están exactamente igual que las dejaste, asombrarás a todos cuando te dirijas al participante y le digas: *¡Pero bueno! Creo que te dije que pusieras el caramelo debajo de una de las tazas, ¿no? Quizá no me escuchaste. Tengo la impresión de que todavía lo tienes.* Todos quedarán muy sorprendidos, sobre todo el participante.

3

Di: *Me encantan los dulces. Soy un goloso. Lo digo en serio. Y para enseñaros cuánto me gustan, voy a pedirte que escondas este caramelo bajo cualquiera de estas tres tazas. Mientras lo haces, yo saldré de la habitación. Cuando hayas terminado, avísame para que vuelva a entrar.* Sal de la habitación y espera a que el participante haya seguido tus instrucciones.

4

Cuando vuelvas, no mires a las tazas muy fijamente, o alguien podría darse cuenta del secreto. En vez de eso, distrae la atención pasando las manos por encima de cada taza como si estuvieras «captando» dónde podría encontrarse el caramelo. Imagina que el caramelo irradia energía de algún tipo y que puedes sentir esa energía gracias a tus poderes mágicos.

5

Pasa por cada una de las tazas aunque notes cuál ha sido la que el participante ha elegido. Después, regresa a la elegida y di: *Siento que el caramelo está aquí.*

6

Levanta la taza, muestra el caramelo y

7

… cómetelo. ¡Te lo mereces!

SILLY BILLY

Silly Billy es un mago especializado en magia infantil, y con razón, puesto que habrá presentado su número más de 10.000 veces ante más de 300.000 niños. Si yo pudiera volver a ser niño, él sería el mago que querría para mi fiesta de cumpleaños. Como tú eres un niño, es muy probable que la mayoría de tu público tenga tu misma edad también. Si tuviera que pedir consejo a alguien sobre cómo entretener a niños, se lo pediría a Silly Billy. ¡Y así lo hice!

JOSHUA JAY: ¿QUÉ HACES CUANDO LOS NIÑOS NO DEJAN DE GRITAR DURANTE TU ESPECTÁCULO?

SILLY BILLY: A veces explican a gritos cómo creen que estás haciendo tus efectos. No se dan cuenta de que lo divertido de un espectáculo de magia no es averiguar los secretos, sino dejarse entretener y asombrarse. Si gritan esa clase de cosas, que no te afecte. Responde: *Esa podría ser una forma de hacerlo, pero no es así como lo he hecho* (¡aunque lo hayas hecho así!).

JJ: ¿CÓMO MANTIENES EL INTERÉS DE LOS NIÑOS A LO LARGO DE LA ACTUACIÓN?

SB: Parte del espectáculo de magia es engañar al público, pero también hace falta entretenerlo de otras formas. Lo más habitual es hacer que el efecto de magia sea también divertido. Yo aconsejo buscar por la casa cosas que resulten graciosas en tu espectáculo. En vez de usar una varita mágica, puedes usar una cuchara o un cepillo de dientes.

JJ: ¿QUÉ CONSEJO NOS DAS PARA MEJORAR NUESTRA PRÓXIMA ACTUACIÓN?

SB: Para que todo salga lo mejor posible no debería haber distracciones en la sala. Asegúrate de que las mascotas se quedan en otra habitación y de que si la gente quiere hablar mientras actúas, lo hagan fuera o lejos de donde estés trabajando. Y, por supuesto, ¡no olvides pasarlo muy bien!

ATRAVESADA

Muestras una caja vacía que tiene varios agujeros por los lados. Tu ayudante se mete en la caja y, acto seguido, introduces por los agujeros nueve varas, una a una. Cada vez que insertas una aumenta el misterio... ¿Cómo puede seguir dentro de la caja con todas esas varas atravesándola? Sin embargo, al final retiras todas y tu ayudante emerge de la caja intacta y tan contenta.

CÓMO FUNCIONA

EN ESTE CASO PARECE QUE LAS VARAS ATRAVIESAN LA CAJA POR TODOS LADOS, PERO QUEDA SUFICIENTE ESPACIO DENTRO PARA QUE QUEPA UNA ASISTENTE BIEN ENTRENADA.

Necesitas

☞ **UNA CAJA GRANDE**

El tamaño de la caja depende del de tu asistente, que debe caber dentro sentada con las piernas cruzadas y sin que la cabeza sobresalga mucho. La caja debe tener una tapa de quita y pon. Si tiene solapas de cierre puedes presentar el efecto tal cual o invertir un poco de tiempo y fabricarte una tapa.

☞ **UN LAPICERO**

☞ **MÚSICA**

☞ **UN CÚTER**

Pide a un adulto que te ayude a recortar los agujeros en los puntos adecuados.

☞ **NUEVE VARAS**

Tienen que tener extremos romos o redondeados (deja los puntiagudos para los profesionales). Los palos de escoba o de fregona son idóneos. No hace falta que todas las varas sean iguales. Sé creativo: piensa en usar ramas de árboles, tubos o bastidores de plástico, y cosas así.

1 PREPARACIÓN

Fabrica la caja con tu ayudante al lado para que entre los dos podáis encontrar cuáles son los mejores puntos para hacer los agujeros en función de su flexibilidad y su estatura. La idea es que ella pueda colocarse lo más pegada posible a las esquinas y al fondo de la caja, de modo que el espacio central quede libre (porque allí es donde la mayoría de la gente va a esperar que ella esté).

2

Cuando tu asistente esté bien colocada, señala con un lapicero los puntos por los que van a pasar las varas. Cuando haya salido de la caja, pide a un adulto que perfore los agujeros con un cúter de modo que las varas entren más o menos inclinadas: unas pueden entrar rectas y otras inclinadas hacia arriba o hacia abajo. Atraviesa un lado de la caja con tres varas haciendo que asomen por el lado opuesto.

3

Introduce tres varas más por uno de los dos lados restantes hasta que sobresalgan por el lado opuesto.

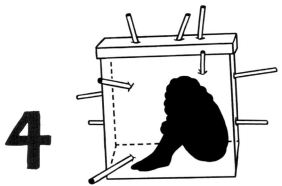

4

Termina haciendo tres agujeros en la tapa para pasar por ellos tres varas en línea recta hasta el fondo. Si la caja tiene solapas de cierre esto resulta más difícil, aunque no imposible. Ensaya esta ilusión hasta que tu asistente aprenda a entrar en la caja rápidamente y tú seas capaz de meter cada vara en su agujero a la primera y sin dudar. Aunque el público no se enterará, ella te puede ayudar desde dentro a pasar cada una por el agujero correspondiente. Asegúrate de que una vez que hayas pasado las nueve varas a ella le quede suficiente espacio, quizá no tanto como para que esté cómoda, pero sí para caber. (Y si no cabe, ¡búscate una caja más grande o una asistente más pequeña!)

5 PRESENTACIÓN

Coloca la caja en el escenario con las varas amontonadas cerca. Tu asistente te espera preparada entre bastidores. Cuando empiece la música, sal a escena y retira la tapa de la caja. Muestra la caja por ambos lados y, a continuación, inclínala hacia delante para que todos vean que está vacía.

6

Invita a tu asistente a salir a escena. Ayúdale a que se meta en la caja y coloca la tapa. Cuando nadie la vea tendrá que adoptar la posición que habéis ensayado para que las varas puedan pasar.

7

Luego, tal y como habéis ensayado, empieza a atravesar la caja con las varas. Comienza despacio y ve aumentando la velocidad. La ilusión va resultando más impresionante con cada nueva vara que introduces. Cuando hayan pasado las nueve, saluda al público.

TRABAJO EN EQUIPO

Los magos se hacen famosos por ser personas singulares y fascinantes: Harry Houdini, Harry Blackstone, David Copperfield. Pero igual que en la ilusión que acabas de aprender, siempre hace falta un buen equipo para que la magia funcione.

Por ejemplo, la esposa de Houdini, Bess, lo ayudó en sus actuaciones durante la mayor parte de su carrera. Y según todos los testimonios, fue una asistente extraordinaria. Sigfried y Roy combinaron sus talentos para convertirse en el mejor dúo mágico. Harry Blackstone fue uno de los rostros más populares de la magia, pero su equipo de cuarenta personas lo acompañaba a todas partes. Todos trabajaban para crear uno de los espectáculos de magia más famosos de la historia.

Y tú, aunque actúes en solitario, también trabajas en equipo. Yo estoy en tu equipo ofreciéndote una selección de ilusiones asombrosas. Quien te ayude a construirlas también forma parte de tu equipo. Tus asistentes son una parte fundamental del equipo. Y si papá y mamá te dan consejos, se convierten en tus directores artísticos. Es verdad que cuando uno piensa en un mago, piensa en el señor con el sombrero de copa y la varita mágica. Pero el verdadero secreto de la magia es la cooperación.

8

Ahora retira las varas rápidamente y lánzalas hacia atrás, una a una, amontonándolas. Levanta la tapa y lánzala fuera del escenario con teatralidad. Cuando lo hagas, tu asistente tendrá que colocarse de rodillas dentro de la caja, lista para salir. En el momento en que des una palmada, tiene que ponerse de pie de un salto y levantar los brazos para que el público la aplauda por lo bien que lo ha hecho.

GUÁRDAME EL SECRETO

Si quieres añadir otro efecto de magia como final, piensa en introducir un cambio de vestuario. Para ello tu asistente deberá llevar puestos dos trajes de colores que contrasten, uno oculto debajo del otro. Además, tendrá que ensayar para quitarse rápidamente el traje exterior en dos etapas: dispondrá de algunos segundos al principio, cuando entre en la caja y hayas insertado solo unas pocas varas, y de un poco más de tiempo al final, cuando retires la última.

SABOR A MENTA

Muestras una cajita de hojalata con caramelos de distintos colores: azul, rojo, amarillo, verde y naranja (o cualquier otra combinación). Los vuelcas todos en las manos de una ayudante y le pides que las cierre y piense en un color cualquiera: el verde de los caramelos de menta, por ejemplo. Al abrir las manos descubre que el color de **todos** los caramelos ha cambiado a verde. Terminas invitándola a que tome uno y ofrezca los demás al resto del público.

CÓMO FUNCIONA

LA CAJA DE HOJALATA ESTÁ TRUCADA. TODOS LOS CARAMELOS ESTÁN PEGADOS AL FONDO, MENOS LOS DE MENTA, DE COLOR VERDE.

Necesitas

☞ **PEGAMENTO**
Necesitas uno que quede transparente al secarse.

☞ **CARAMELOS DE DISTINTOS COLORES**
Yo los uso de la marca Tic Tac, pero puedes utilizar los que más te gusten. Conviene que haya de cuatro o cinco colores distintos (¡y que uno sea el verde!).

☞ **UNA CAJITA CON TAPA**
Hay muchos caramelos de menta que vienen en esta clase de cajitas. A lo mejor tu padre tiene una y te la quiere dar (si se lo pides por favor). La caja debe ser lo bastante pequeña como para que puedas volcar su contenido en las manos de una persona.

1 PREPARACIÓN

Pega unos veinte caramelos al fondo de la cajita: rojos, azules, amarillos… pero no los verdes (esos apártalos por ahora). Espera a que se sequen.

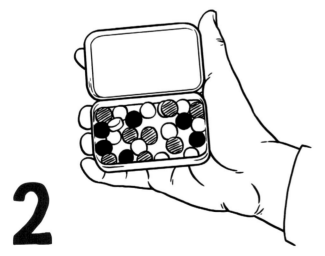

2

Vierte después los caramelos verdes en la cajita. Parecerá un surtido de caramelos normal y corriente, pero si das la vuelta a la cajita solo caerán los verdes. Así es como funciona el efecto. Cierra la cajita y estarás listo para empezar.

3 PRESENTACIÓN

Invita a un participante a salir al escenario o, si presentas el efecto de manera improvisada, organiza un corro a tu alrededor. Explica: *En esta cajita hay caramelos de varios colores. ¿Qué colores veis?* Destapa la caja y pide a una persona que mire y nombre todos los colores. Acércate a otras personas del público para que puedan ver los distintos colores.

4

Pide a tu ayudante que junte las manos en forma de cuenco. Vuelca en ellas los caramelos dando la vuelta a la cajita. Pídele que cierre las manos.

5

No retires la cajita hasta que tenga las manos bien cerradas. Pon la tapa a la caja teniendo cuidado de que no se vean los caramelos que están pegados en el fondo. Deja la caja aparte; ya no la vas a necesitar.

6

Pregunta a tu ayudante: *¿Cuál es tu color favorito?* Si responde «verde», estupendo. Si elige otro cualquiera, añade inmediatamente: *Qué interesante. El mío es el verde. Te voy a enseñar lo que hago con los demás caramelos.* En ambos casos el efecto termina del mismo modo: *Voy a hacer que todos los colores cambien al verde.* Chasquea los dedos y pídele que abra las manos. Verá que solo tiene caramelos verdes. Invítale a que tome uno y comparta el resto con los demás.

GUÁRDAME EL SECRETO

A lo mejor dudas que este juego pueda engañar a alguien. «¿Pero no se darán cuenta de que al final del efecto hay menos caramelos que al principio?», te preguntarás.

La verdad es que no, no se darán cuenta. A menos que digas: «Por favor, cuenta cuántos caramelos contiene esta cajita», nadie los contará. En vez de eso, pídeles que se fijen en el color de los caramelos. La gente solo puede fijarse en uno o dos detalles a la vez. Uno de los principios clave de la magia consiste en no dejar nunca que el público se fije en los detalles realmente importantes.

MAGIA CON PINTURAS

Te ofrecen una cera de color de una caja de sesenta y cuatro lápices de cera distintos... ¡y eres capaz de decir de qué color es con solo palparlo!

Crayons 24

CÓMO FUNCIONA

RASPAS EL LÁPIZ EN SECRETO PARA LLEVARTE UN POCO DE CERA BAJO LA UÑA DEL PULGAR, DE MANERA QUE PUEDES DARLE UN VISTAZO Y ADIVINAR SU COLOR INCLUSO CUANDO YA NO TIENES EL LÁPIZ EN TUS MANOS.

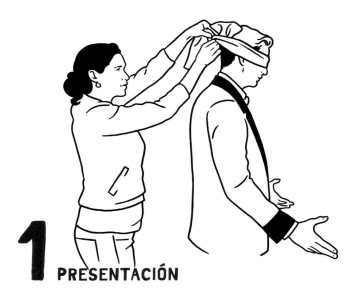

1 PRESENTACIÓN

Pide prestada una caja de ceras de color y dile al público que forme un corro en torno a ti. Indica a una persona que te ate la servilleta alrededor de la cabeza para vendarte los ojos.

2

Parece que no puedes ver nada por ningún lado, cuando en realidad sí que puedes. Si miras directamente hacia abajo verás bastante bien.

3

Empieza dando a un voluntario las siguientes instrucciones: *Por favor, abre la caja de ceras y saca una del color que quieras. La mayoría de la gente ve con los ojos, pero yo puedo ver con las puntas de los dedos. Por favor, dame por la espalda el lápiz que hayas escogido para que palpe de qué color es.* Al decirlo, llévate las manos a la espalda y pide a tu ayudante que te entregue la cera que ha elegido.

LO QUE NO SE VE

4

Aléjate unos cuantos pasos para que nadie pueda ver lo que haces por la espalda. Rasca la cera con el pulgar por uno de los extremos de manera que se te quede un poquito de cera debajo de la uña.

¿QUÉ ME DEBO PONER?

Tu aspecto es lo primero en que se fija el público. No hay manera de ocultar que eres un niño. Desde que empieces tu actuación el público se dará cuenta de que eres diferente, ¡y ser diferente está fenomenal! Si muestras al público que estás tranquilo porque tienes confianza en ti mismo, el público también se sentirá tranquilo contigo.

¿Cómo deberías vestirte? El mago típico lleva un esmoquin: apretado, incómodo, un poco aburrido. Por suerte tú no eres el mago típico. Saca partido a tu juventud. Ponte algo chulo pero con clase, que sea un poco más desenfadado que lo que llevan los mayores. Yo cuando era niño actuaba con trajes de colores brillantes y corbatas chillonas. Cuando llegaba al local donde actuaba todo el mundo sabía inmediatamente que el mago era yo... ¡Había llegado y todos se habían enterado! Pero lo fundamental es que, seas chico o chica, vas a moverte un montón durante el espectáculo, así que ponte algo cómodo.

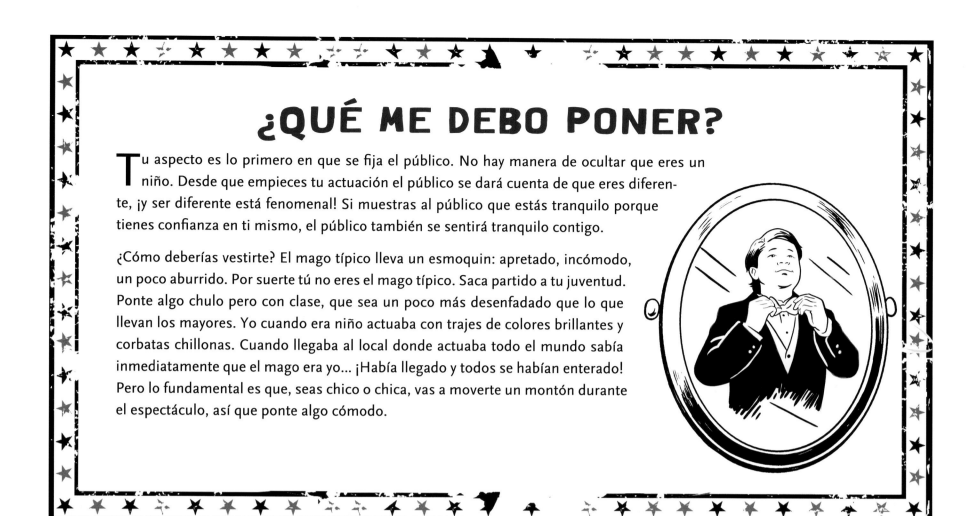

5

Entrega la cera a tu ayudante y pídele que la esconda. Con total tranquilidad, lleva las manos de nuevo delante del cuerpo y habla gesticulando con ellas. No tengas prisa por mirar hacia abajo y dar un vistazo al resto de cera para decir después: *Ummm... Me ha dado la sensación de que era un color oscuro, que además es uno de mis favoritos. ¡Elegiste el color morado!*

GUÁRDAME EL SECRETO

Lo mejor de este efecto es que lo puedes repetir. Simplemente asegúrate de usar cada vez la uña de un dedo diferente, y de limpiarte las uñas antes de que alguien te pregunte por qué las llevas tan coloridas (o tan sucias).

La gente cree que los magos desvían la mirada de los participantes para que nunca *vean* cómo se hace el efecto. La verdad es que a menudo lo que se controla es lo que piensan, de manera que nunca comprendan cómo se consigue el efecto. En este caso tus palabras dirigen la atención: al explicar que vas a detectar el color «palpando» la cera, alejas a la gente del auténtico secreto, o sea, ¡de que estás mirando!

MAGIA DE INVIERNO

Este efecto es muy bonito para terminar un espectáculo de magia. Muestras una servilleta y la rompes en pedacitos. Los metes en agua y les das aire con un abanico. Al hacerlo aparece una nube de confeti que sumerge a todos en una preciosa lluvia de copos de nieve.

CÓMO FUNCIONA

AÑADES EN SECRETO UNA BOLSA DE CONFETI A LOS TROZOS DE SERVILLETA.

☞ **CONFETI BLANCO**
Las tiendas de magia venden confeti en forma de circulitos, pero es bastante caro. Hay un montón de caminos para conseguir confeti gratis, por ejemplo, en el fondo de las perforadoras de papel que encontrarás en el colegio; puedes usar eso o perforar en tu casa hojas de un papel que te guste.

☞ **DOS SERVILLETAS DE PAPEL BLANCAS**

☞ **UNA GOMA ELÁSTICA**

☞ **TIJERAS**

☞ **UN CUENCO LLENO DE AGUA**
No tiene por qué ser muy grande, pero es necesario que no sea transparente.

☞ **UN ABANICO**
Puedes fabricarte uno con cartulina rígida o utilizar uno plegable que sea bonito.

☞ **MÚSICA**

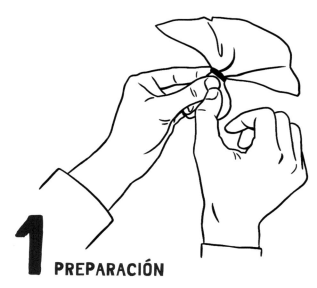

1 PREPARACIÓN

Primero, prepara el paquete secreto de confeti. Rellena una servilleta con confeti y ciérrala rodeando los extremos con la goma elástica.

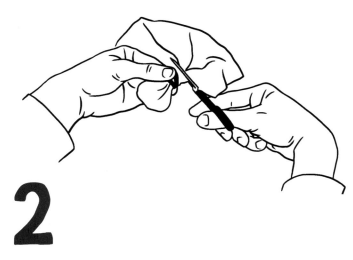

2

Recorta con las tijeras el sobrante de la servilleta. El paquetito resultante debería caberte en la mano sin que se vea cuando la tengas cerrada.

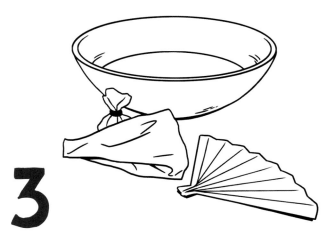

3

Colócalo sobre la mesa detrás del cuenco de agua. El público, situado delante, no lo podrá ver. Pon el abanico y la otra servilleta detrás del cuenco, donde puedas agarrarlos fácilmente.

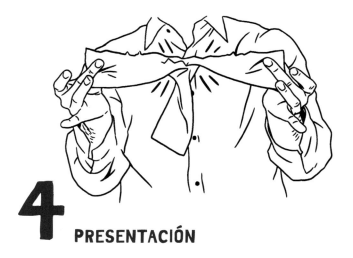

4 PRESENTACIÓN

Comienza: *Mi estación del año favorita es el invierno. Por eso cuando hace mucho calor hago magia para que nieve. Así…* Haz una señal para que empiece la música. Toma la servilleta y rómpela en tiras pequeñas.

5

Haz una bola con ellas con la mano izquierda y acércate a tu mesa por el lado izquierdo.

7

Levanta ambas manos a la vez y simula escurrir el agua de la servilleta con las dos. En realidad juntas los puños sin mezclar lo que tienes en cada mano.

LO QUE NO SE VE

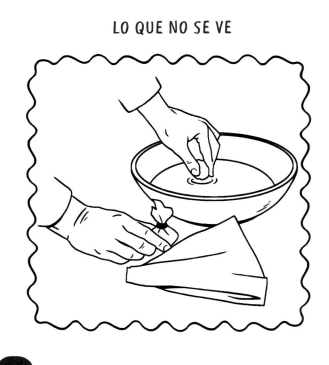

6

A la vez que sumerges los trocitos de servilleta en el agua, lleva despreocupadamente la mano derecha detrás del cuenco y toma el paquete de confeti.

8

Empuja hacia arriba el paquete de confeti para llevarlo a las puntas de los dedos de la mano derecha y muéstralo al público al tiempo que llevas la mano izquierda detrás del cuenco.

LO QUE NO SE VE

9

Toma el abanico con la mano izquierda y aprovecha el gesto para soltar secretamente la servilleta mojada detrás del cuenco, donde nadie la puede ver.

10

Avanzando hasta el centro del escenario, mueve el abanico tan rápido como puedas. Al mismo tiempo, amasa el paquete de confeti con la mano derecha hasta romper la servilleta.

11

Este movimiento y el aire proyectado por el abanico hacen que el confeti se eleve creando una ventisca de nieve a tu alrededor. Desde lejos parecerá una nube de nieve. Cuando esté a punto de acabarse el confeti, suelta el resto del paquete para que el aire se lleve la servilleta rota, que flotará un poco y caerá al suelo mezclándose con el confeti.

GUÁRDAME EL SECRETO

Presenta este efecto solo cuando estés sobre un escenario. Si lo haces en casa tus padres estarán recogiendo confeti hasta que vayas a la universidad, y no es cuestión de que pases castigado tantos años.

Ignórame,
POR FAVOR

TENÍA SIETE AÑOS cuando empecé a interesarme por la magia pero también tenía un gran problema: cerca de donde vivía no había ni escuelas ni tiendas de magia. Conseguí leer unos cuantos libros y comprar algunos efectos, pero no hubo nadie que me explicara qué decir al actuar. Me lo tuve que inventar todo. ¿Y sabes qué? Me vino muy bien.

¿Por qué? Inventar lo que vas a decir durante un efecto de magia es importante. Lo que digas puede hacer que un efecto resulte gracioso o serio, y son tus palabras las que dan tu personalidad a tus efectos. Los grandes magos siempre hablan con sus propias palabras y desde el corazón. Yo te he sugerido cosas que puedes decir al presentar cada efecto, siempre con letras cursivas *como estas*, pero no pasa nada si no haces caso a mis sugerencias. De verdad: a mí no me importa. De hecho, me encantará que uses tu creatividad para encontrar tus propias palabras y una presentación original, y con ello avanzarás en el camino que te llevará a convertirte en un auténtico maestro de la magia.

Este libro está repleto de efectos de magia asombrosos, pero más importante aún es que está lleno de posibilidades. En cuanto te aprendas las rutinas, cámbialas. Una vez que hayas aprendido las reglas de la magia, rómpelas tranquilamente. Todos los grandes magos lo hacemos.

Conclusión
El gran final

LLEGADOS A ESTE PUNTO ESPERO QUE HAYAS FABRICADO TUS ACCESORIOS, ensayado los efectos y, sobre todo, sentido la emoción de hacer magia. A veces me preguntan: «¿Pero existe la magia de verdad?» Ignoro la respuesta, pero sí sé que lo más cercano a la magia de verdad es actuar para un público y ayudarles a sentir lo imposible.

Puede que este haya sido tu primer libro de magia, pero espero que no sea el último. Aquí tienes algunas ideas para continuar tus aventuras en el mundo de la ilusión:

Trucosky y los intrépidos aventureros, escrito por Irene Álvarez Lata e ilustrado por Luis Liendo. Un libro para que los más pequeños aprendan magia mientras se ven atrapados en la lectura de emocionantes aventuras. En cada capítulo hay un conflicto que se resuelve gracias a la magia. El Profesor Trucosky explica los secretos mágicos en un divertido cómic al final del libro: el Trucomic.

Juegos de manos de sobremesa, Juegos de manos de bolsillo y Trucos de Magia, Según Juan Tamariz, los mejores libros escritos jamás, en cualquier lengua, para quien se quiera iniciar en el Arte de la Magia. Su increíble claridad y variedad los convierte en imprescindibles. Magia con cartas, monedas, cuerdas, esponjas, dados, bolas, imanes, pañuelos, gomitas, imperdibles, billetes, mentalismo.

La prestidigitación al alcance de todos e Ilusionismo elemental, de Wenceslao Ciuró. Ciuró fue un sabio de la Magia. Con sus enseñanzas han aprendido todos los magos españoles que alguna vez hayas visto en los teatros o en la televisión. *La prestidigitación al alcance de todos* e *Ilusionismo elemental* son dos joyas. En ellos aprenderás los principios fundamentales de la magia y juegos que poco tardarán en formar parte de tu repertorio habitual de sorpresas.

Iniciación a la magia con cartas, obra de Alfredo Florensa. Uno de los pocos libros que desde el principio enseñan, no solo juegos sencillos y asombrosos, sino también los primeros pasos para practicar magia con cartas de manera progresiva y sin dificultad. La mejor manera de adentrarse en este misterioso y apasionante mundo.

Fuentes

Tu primer momento mágico. Partes de esta introducción se basan en lo que escribí anteriormente en mi libro *Under, Over.*

Cómo hacer volar a tu hermano (o a tu hermana). A los siete años leí un efecto parecido en *The Klutz Book of Magic,* y la ilusión en que se basa tiene al menos 200 años. La he modificado para facilitar que se pueda presentar en casa y para mejorar el efecto.

La jarra mágica. A menudo se cita a Louis Nikola como el creador de este efecto clásico, aunque las mejoras de Okito y Richard Himber fueron fundamentales para la ilusión tal y como la describo en este libro.

Los nudos de la imaginación son invención del gran mago suizo Pavel, y es el efecto que más me gusta presentar de todos los del libro. Pavel murió en 2011 pero su familia ha tenido la amabilidad de permitirme incluir el efecto en esta obra. Originalmente se publicó como *Un pañuelo en una cascada de confeti* «Pavel's Blow Knot» (*Curso de Magia Tarbell,* vol. 7, pág. 380).

Envuelto para regalo está basado en otras ilusiones mucho más antiguas, aunque esta secuencia en concreto la presentaba Dante (Harry Jansen) por todo el mundo, un mago muy famoso que fue de gira durante la década de 1940.

La llave espectral fue un efecto popularizado por el gran Dr. Jacks cuyo origen exacto, a finales del siglo XIX, se desconoce.

¡Fuera ataduras! Es básicamente un método de escape popularizado por Harry Kellar que fue utilizado hasta por el gran Harry Houdini.

El huevo mágico lo inventó Joe Karson, que también alumbró algunas de las ilusiones de escenario más memorables del siglo pasado.

El pulgar de goma es una estupenda ilusión para improvisar, antigua y de origen desconocido, aunque la idea de morderse el pulgar para estirarlo proviene del maestro de la magia realizada con los dedos, mi amigo Meir Yedid (consulta «The Elongated Thumb», *Finger Secrets,* 1985).

Por la gorra se basa en el efecto de Charles Hardin «It's a Hat, So It's Funny, Right?» (en *Penn & Teller's How to Play in Traffic).* En ese libro se plantea un concepto parecido como una broma para conseguir que alguien entre en una tienda y salga de ella llevando puesta una gorra que no haya pagado.

Orna-Mental se publicó por primera vez en el número de noviembre de 2008 de la revista *MAGIC.* Se me ocurrió porque quería presentar un efecto de magia en casa de los padres de mi novia en Nochebuena. Buscaba algo potente que girase en torno a la festividad. A mi amigo Raj Madhock se le ocurrió la segunda parte, que hace que el efecto sea fantástico.

El cuaderno de los secretos se basa en un principio antiquísimo que data al menos del siglo XVI.

El zumo viajero se basa en el efecto titulado «Sprightly Soda», del libro de Karl Fulves *Self-Working Paper Magic,* pág. 87. Fulves atribuye el concepto a Sam Berland.

El juego de las esponjas entra en la categoría de magia con esponjas. Jesse Lybarger y Joe Berg seguramente fueron unos de los primeros magos que desarrollaron efectos con esponjas, allá por 1926. Esta rama de la magia moderna debe mucho a Albert Goshman, que fabricó bolas de esponja e innovó con ellas.

Caramelín, caramelón es una simpática variante del efecto «Note Under Cup» de Al Koran.

Atravesada se basa en la clásica ilusión india de la cesta atravesada por espadas. Se desconoce el inventor. Hans Moretti, un famoso escapista, presentaba una magnífica ilusión de efecto parecido.

Agradecimientos

Gracias a mis lectores, en especial a: Rod Doiron, Trisha Ferruccio, Raj Madhok, Jim Munsey, y Mike Vance.

Pienso que todos los niños, en algún momento de su vida, quieren hacer magia. La mayoría pierden el interés cuando se dan cuenta de que aprender magia puede ser difícil, sobre todo con libros. Siempre quise escribir un libro que animase a la siguiente generación de magos, pero antes de poder hacerlo tenía que encontrar y desarrollar buenos efectos que los jóvenes magos pudieran aprender y presentar. Mis amigos, a los que menciono a continuación, me ayudaron en semejante tarea, que no es nada fácil.

Gracias a Rod Doiron, Raj Madhock, Jim Munsey, y Mike Vance por revisar el borrador de este libro. Gracias también a David Kaye y Mike Bent por sus expertos consejos. Gabe Fajuri y Stephen Minch me ayudaron a encontrar el origen de varias ilusiones antiguas. Las preciosas ilustraciones de Kyle Hilton dieron vida a mis ideas y se lo agradezco de corazón.

Gracias a Raquel Jaramillo, Megan Nicolay, Liz Davis, Justin Krasner, y a todos mis amigos de Workman por creer en la magia y en este proyecto. Y me quito el sombrero ante James Levine, que ha sido capaz de aunar los esfuerzos de todos.

Mil gracias a mi mejor amigo y socio Andi Gladwin por ayudarme con este libro y por tantas otras cosas.

Gracias a mi madre, a Rocco, a Anna y a toda mi familia. Os quiero.

Estoy muy feliz de que Páginas sea mi editor en español. Siempre he admirado sus libros y su integridad, y ¡espero que mi libro inspire a una nueva generación de magos!

Si quieres recibir tu diploma de mago y descubrir otros interesantes y divertidos libros de magia, escríbenos a **PAGINAS@LIBROSDEMAGIA.COM**

www.librosdemagia.com

Acerca del
AUTOR

CUANDO JOSHUA JAY tenía siete años su padre le hizo un juego de magia y no le explicó el secreto. Joshua lo averiguó por su cuenta y aquel interés creció hasta convertirse en la pasión de toda una vida. De niño, Joshua adquirió gran experiencia presentando cientos de espectáculos en colegios, fiestas de cumpleaños, residencias de ancianos, actos de los *boy scouts,* y espectáculos locales. Para Joshua, **Magia grande para manos pequeñas** supone regresar a esos días y a aquellos espectáculos, además de una forma de compartir con la nueva generación de magos toda la magia que aprendió, creó y presentó en aquellas actuaciones.

Hoy Joshua Jay es un mago reconocido por todo el mundo, además dicta conferencias y ha escrito varios libros. Ha actuado en más de sesenta países y ha sido galardonado con el prestigioso Premio al Mago del Año de la *Society of American Magicians.* Además, Joshua es campeón de magia del *World Magic Seminar* y autor de **Magic: The Complete Course** y **The Amazing Book of Cards.** Joshua ha enseñado su magia en seminarios, campamentos y congresos, y es considerado uno de los mejores profesores de magia que existen. **Magia grande para manos pequeñas** es un curso magistral impartido por uno de los maestros más afamados de este arte.